全国小学生校园美文精品集萃丛书

七色阳光
小少年

分享如秋光

《语文报》编写组 编

时代文艺出版社

图书在版编目（CIP）数据

分享如秋光 / 《语文报》编写组编. —长春：时代文艺出版社，2018.8（2023.6重印）

（"七色阳光小少年"全国小学生校园美文精品集萃丛书）

ISBN 978-7-5387-5901-3

Ⅰ.①分… Ⅱ.①语… Ⅲ.①作文-小学-选集 Ⅳ.①H194.4

中国版本图书馆CIP数据核字（2018）第127921号

出 品 人 陈　琛
产品总监 郭力家
责任编辑 王　峰
助理编辑 史　航
装帧设计 孙　利
排版制作 隋淑凤

分享如秋光

《语文报》编写组 编

出版发行 / 时代文艺出版社

地址 / 长春市福祉大路5788号　龙腾国际大厦A座15层　邮编 / 130118
总编办 / 0431-81629751　发行部 / 0431-81629758
官方微博 / weibo.com / tlapress
印刷 / 北京一鑫印务有限责任公司
开本 / 700mm×980mm　1 / 16　字数 / 153千字　印张 / 11
版次 / 2018年8月第1版　印次 / 2023年6月第5次印刷　定价 / 34.80元

编 委 会

主　　编：刘应伦

编　　委：刘应伦　赵　静　李音霞

　　　　　郭　斐　刘瑞霞　王素红

　　　　　金星闪　周　起　华晓隽

　　　　　何发祥　朱晓东　陈　颖

　　　　　段岩霞　刘学强

本册主编：郑　慧　林　丽

副 主 编：姜正涛　苏燕飞

目　录

烟火里的尘埃

美在路上

舌尖上的阅读

平凡也美丽

那一道车印

　　她把车窗摇下，温柔地和我说："姑娘，走人行道啊，马路中间很危险，天黑路滑的，安全第一。"她温声细语，却仿佛有魔力一般，我居然乖乖地走到了人行道上。她朝我笑笑，关上窗，离开了，留给我的又是一道深深的车印。

亲近春天

徐文琦

　　春天是个温暖美丽的季节，大家都希望四季如春，所以大家都会珍惜春天、享受春天、体验春天。想要真正地享受或体验春天，春游则是个很好的途径。

　　就在这时，学校恰好举行了一次春游活动，我正好可以借此亲近大自然。今天是我期待已久的春游，一大早起来，我就激动得不得了。很快，我们就踏上了春游的行程。今天的天气很好，和我的心情一样，都有一种按捺不住的喜悦。

　　一走进溪滩，映入眼帘的就是一望无垠的绿色草坪，我感受到了春天浓浓的气息，十分亲切。我真巴不得就一直躺在小草上享受这春天日光的照耀，听旁边小溪哗哗的声音。

　　很快，到了午饭时间了，每个小组都开始行动了。我们把将要烧的菜和一些调味料都摆放好，然后分配好各自的工作。第一道菜是"黄瓜炒香肠"，我们先放了油，等油热了以后，把黄瓜先放进去翻炒，到一定程度，再放入香肠，开始翻炒，最后加入一些调味料之后，这道菜就顺利完成了。接着又炒了"豆腐干炒青椒肉片"，这道菜可是最出色的了，连校长都被吸引了过来，吃过之后还赞不绝口呢！接着我们又炒了大白菜。我们还花了大量时间烧鸡肉。我看着都流口水。当然,我们也有不成功的地方,那就是煮饭。因为菜一出锅,就被吃光了,再煮饭,不仅来不及,而且还要有人在边上看火,根本不愿在这上面浪费时间。所以我们宁愿不吃饭,只吃菜。

这个环节结束后,就开始自由玩耍了。我和同学一起跑到一个很高的沙丘上,然后一起径直冲下来,别提有多爽了。我们翻过沙丘,竟然发现了一片"世外桃源",这儿竟然也有班级在烧饭,我们都没发现呢。

最后我们和老师围坐在一起聊了不少天,谈了不少话,才发现老师原来这么平易近人,这也是个意外收获。

这次春游,我不仅亲近了春天,也学会了炒菜,确实是受益匪浅啊!

雾　景

李诗琦

早上,我透过窗户往外看,啊!起雾了,只见外面浓雾弥漫,茫茫一片。

大地上的一切都笼罩在无比宽大的白雾中。近处的花、草、树木,远处的楼房、山峦,都在雾中若隐若现。阳光一点儿也不耀眼,只显出朦胧的圆影子,似乎被人披了层纱。路上的人们来来往往,远远地只能听见杂碎的、间断的脚步声和喇叭声,只闻其声不见其人。而就在即将碰面的一瞬间,彼此的面容又清晰地呈现于眼前。等转身再看时，背影已消失在大雾中，仿佛进入了缥缈的仙境。

我忽然觉得自己也在这仙境中漫游。我的眼前不断飘来轻纱似的雾，一颗颗、一粒粒，如烟、如尘……我伸手去抓，哈，抓住了！当我张开手细看时，它早已从我的指尖溜走了。多可爱的雾呀，它像一个巧妙的化妆师，把我额前缕缕黑发染成了银丝，上下的睫毛都沾满了小小的水晶花。我把眼睛稍闭一会儿再睁开，只觉得眼睛湿润润的有一丝凉意。风轻轻拂过，雾轻轻掠过我的脸，像二月的春风，那么细腻、那么丝滑，舒服极了！

过了一会儿，雾小了，大地脱下了厚厚的绒衣裳，披上了轻柔的薄纱。一些大树的枝叶已经羞涩地从雾中露出婀娜多姿的身姿，似乎是在呼唤天上淡淡的白云。小草艰难地挑着肩上的水珠，一不留神，水珠从肩上滑了下来，落在地上不见了踪影。太阳此时也扯掉了蒙在身上的红装。柔和的光芒洒了下来，这一切构成了一幅宁静幽雅的水粉画。

我陶醉在大自然的美景中，陶醉在那个有雾的早晨。

晨 曦 舞 者

郑璐莹

柔柔的春光懒懒地依偎着柔柔的春风，站在黄果树瀑布对面的桥梁上，欣赏这春天特有的风景。

透过空中薄薄的半透明的水汽，隐约可以看到头顶一轮红日缓缓

升起，潭面的晨雾还没散尽。朦朦胧胧中看见蓝天上大雁结队飞翔，伴着春日暖阳，大自然的伙伴一个都不闲着，山上那郁郁葱葱的树木丛林争相生长，有一株俏丽的迎客松生长在那让人望而生畏的峭壁上。不畏惧低头的恐怖与危险，仍然趁着这大好时光奋发向上。

水流是老爷爷的白胡子，一缕一缕地倾泻下来。水流飞泻下来如银链，在阳光下闪烁，使银链更明亮。而银链的宏伟，大于这山崖的任何一个饰物。而银链的庞大，又大于这周围的任何一个无形的气墙。

水流是穿着轻纱白裙的自然舞者，山崖的翠壁是她们的舞台。她们一边带着春光的明媚，一边演绎着澎湃的舞姿，似从天空之顶，迈着轻盈的舞步，扭动着妖娆的身姿，华丽绽放。瀑布下淌，水与水拍打的声音，令人吃惊，像是比全世界的人都在拍掌发出的声音更响亮，让人激情澎湃。暖风迫不及待的拥抱即将结束演出的舞者，把她们的裙摆变换成轻雾飘洒到游客粉嫩的脸上，凉丝丝的。有几位舞者好像有急事，匆匆地往下冲，一不小心，碰到了岩石上，水花四溅，如飞珠碎玉般晶莹可爱。

从上至下，完美无缺，彼此之间织起一张密密麻麻的网，哗哗声荡漾在耳畔。渐渐地，浓雾消散，黄果树瀑布的壮观全景展现在游客们的眼前。它的每一场舞会都震撼着我。

壮哉亦美哉！

斗潭湖畔闻鹧鸪

江 流

窗外，雨淅淅沥沥地下着，像千万条银丝，从灰蒙蒙的空中飘落。已经连续一个多月没见阳光了，我心里湿漉漉的。

"咕咕……咕咕……"一阵阵清脆的鸟叫声从窗外的斗潭公园里传来。我不禁放下手中的笔，循声望去。在烟雨迷蒙中，公园好像披上了一层轻纱，雨声里，公园中的每一片树叶、每一朵花儿、每一丛绿草，都变成了奇妙无比的琴键。飘飘洒洒的雨丝是无数轻捷柔软的手指，弹奏出一首又一首优雅的小曲，每一个音符都带着幻想的色彩。鸟儿的歌声就是从这朦朦胧胧的小树林里传出的。

这是什么鸟呢？它的叫声既不像燕子的呢喃，又不似麻雀的叽喳。我连忙拉来爸爸，让他听听这奇怪的叫声。

爸爸听了后，惊喜地对我说："这是经常被写进古典诗歌里的鹧鸪啊！"

"鹧鸪？它是一种什么样的鸟呢？"我不解地问老爸。

老爸笑了笑，说："鹧鸪是江南常见的一种鸟。它怕人，一般生活在丛林里。爸爸小时候在农村，每到开春的时候，特别是临近清明，就经常会听到它的叫声。后来呀，森林减少了，环境变差，听到的机会就不多了。这几年，老家的生态又得到恢复，喜鹊、八哥、鹧

鸪等鸟儿又飞回来了。想不到现在连城里的斗潭公园，竟然也有了鹧鸪！看来，咱们衢州的绿化越来越好了。"

是啊，近几年，衢州是变得越来越美了。高楼大厦数不胜数，街上的汽车川流不息，霓虹灯五光十色。都市的气息越来越浓厚，可是，衢州的天空还是那么的湛蓝，湖水仍是那么的清澈。我不由得想起了斗潭公园美丽的春天。

当第一场春雨下过后，春姑娘就穿着五彩的衣裙，她用那宽大的衣衫拂去了冬的寒冷，把温暖和生机洒给了大地。斗潭公园里，小草怯生生地从地下探出头来，享受着阳光的沐浴和雨露的滋润。那一排排依依的杨柳在春风中跳起了婀娜的舞蹈，那一树树粉红的杏花、桃花则在夕阳下羞红了脸。斗潭湖水真绿啊，绿得像一块天然的大翡翠，湖边的高楼大厦都倒映在镜子似的湖面上，用手轻轻一碰，仿佛就会碎裂开来。

春天的斗潭公园，是一片绿的世界和花的海洋……

"咕咕……咕咕……"绿树浓荫中，又传来了鹧鸪的鸣叫声。那声声鸣叫，悠远而深沉。静默在春雨中的斗潭公园，更加宁静，安详。生活在这样一座森林城市里，有一种感觉，叫幸福！

我和书的故事

余 洋

读书让我领悟到人生的真谛。每当我迷茫、彷徨时，书就如一盏明灯，指引我前进的方向，为我排忧解难，增强我的自信心。每当我遇到困难时，书总会默默地给予我帮助与支持。

小时候，对书本上的文字没有什么概念。那普普通通的方块字也没有什么吸引我的地方。但是，我对彩色绘图本有特殊的爱好，我喜欢的大概是里面的图案。我读的书是《小蝌蚪找妈妈》，当时，我完全被它的故事情节吸引了，从此，我就专门去找类似的书读。

后来，在父母的帮助下读完了《十万个为什么》。这套书简直是百科全书，把我心中的疑惑用锤子一一击碎。它告诉我：筷子在水中折射的原理，人体细胞的作用和结构，人类的发展史……我简直被它迷住了。

刚上学时，图文并茂的《丁丁历险记》便成了我的最爱。我好像与书中的丁丁一起在各个国家冒险，为正义力量喝彩。从那时起，我的冒险精神就被激发了。

慢慢长大后，一些国内外的名著就成了我的"第四餐"。我之所以喜欢，是因为它们很容易把我带到故事中去了。《昆虫记》带我走进了多姿多彩的昆虫世界，懂得了自然生命的美好；《童年》让我了解了当时俄国社会的黑暗，下层民众生活的困难；《草房子》教会了我坚强，在困难中要迎难而上……

读书，能让一个人由无知变为渊博；读书，给人一个正确的思想观点；读书，使躁动的心变得平静；读书，使枯燥的生活变得润泽。不知不觉，书已经陪我走过了十个春秋，它已经成为我学习生活中不可或缺的一部分。

我 爱 阅 读

王依琳

　　我爱阅读，喜欢在秋日午后的习习凉风、淡淡阳光中，备上一杯清茶，在花园凉亭中静静享受阅读的乐趣。书海无边，我在阅读时，也从海中捞出了闪闪发光的"钻石"，他们就是经过历史沉淀的，在众多书中发着光的经典名著。

　　除了名著，我最热爱的便是散文了，读着《荷塘月色》，我的眼前仿佛出现了一片大大的荷塘，荷塘上面长着田田的叶子，如同舞女们穿着的裙子。叶子中间，点缀着许多花骨朵儿，朱自清先生运用各种手法，打造了一个充满诗意的境界，让声、色、光、味都透出了韵味。作者虽然写的是荷塘，表达的却是对黑暗社会的不满和对美好生活的向往，借景抒情，中国文化真是博大精深呀！

　　朱自清先生的散文语言清新自然，如同一壶上好的西湖龙井；鲁迅先生的散文饱含热情，如同清雅的百合散发出浓烈的香气；胡适先生的散文翔实，感情浓烈，如同初夏盛开的栀子花……各有各的特点，各有各的美感，你说这样的书怎能不勾起我阅读的兴趣呢？

　　我的兴趣一发不可收拾，家里空空的小书架被我渐渐地填得满满当当，《假如给我三天光明》《绿山墙的安妮》《伊索寓言》《夏洛的网》等，我也从中懂得了不少道理。一本好书，如同一个人，它会带给我们不同的感受，或者热烈，或者深沉，或者坚强，或者高洁，或者清新，或者典雅，它们毫不例外都是有好处的，它们会带给我们不同的道理，带给我们不一样的阅读享受。

阅读陪伴我走过五六个春秋，带给我内心的启迪。读一本好书，似交一位好友，如品味清雅的香茗。我爱阅读，正是阅读打造了我一手的好文章；我爱阅读，正是阅读赐予我一脑子的奇思妙想；我爱阅读，正是阅读带给我满身的书香气息！

读书伴我成长

刘文琦

010

书好比一缕春风滋润着我的心海，使我的天空四季长春；书好比一轮明月，照耀着我的心灵，使我的世界光明永存；书好比一泓清泉，滋润着我的心田，使我的人生永不枯竭。

我爱书，更把读书作为一种享受。我读书和别人不同，总喜欢躺在阳光下看书，因此在看书的同时我也享受着阳光浴。我会为主人公不幸的遭遇而叹息，为他们的幸福生活而高兴，为伟人立下的丰功伟绩而自豪，读书时仿佛身临其境。与此同时，在他们身上我也学到了很多，从宋江身上我学到了团结，从诸葛亮身上我学会了动脑，从薛宝钗那里我学会了宽容大度。

书是我的朋友，在我孤独时他会陪伴我，在我生气时他会逗笑我，在我伤心时他会安慰我，我的生命丰富多彩，我的世界绚丽多

姿。

　　书为我打开了一片新天地，长大后我能自由支配的时间减少了，但这丝毫不会磨灭我爱读书的意志。我常常利用课余的时间来看书，每看到故事精彩的片段时，我一个字都舍不得放过。或许有人认为，我这么做是在浪费时间，还不如多做点作业，我觉得作业固然重要，但是一个人精神上的缺陷不是光靠练习题就能弥补的。

　　当然我读书是有选择的，那些纯粹用来消遣的书我是不会去读的，那真的是浪费时间。而好的书是不计时间成本的，好书不厌百读。每次不管我遇到什么挫折，只要翻开书，我的心情就会变得轻松舒适。书医治了我思想上的不足，让我从幼稚变得成熟，从软弱变得坚强，我翻开的每页都蕴含着哲理。

　　玫瑰有美丽的外表，桂花有迷人的香气和花，有优美的舞姿，而书有它独特的魅力。我爱书，他使我睿智，使我深沉，使我意气风发。

011

我爱《草房子》

徐文捷

　　《草房子》是一本儿童读物，故事通过对主人公男孩桑桑刻骨铭心而又终生难忘的六年小学生活，展现了桑桑、秃鹤、杜小康、细马、纸月五个孩子苦痛的成长历程。

　　陆鹤是一个秃顶的孩子，随着时间的流逝，陆鹤长大了，自尊心也强了起来，感到别人摸他的秃头是一种侮辱，做出了许多反常可笑的事。企图擦生姜长出头发，用帽子遮住自己的头，可基本无济于事。陆鹤为了报复同学对他的侮辱，毅然在跳集体操时摘下帽子，把现场搞得一团糟。可即使陆鹤用这样错误的方式来报复，但孩子毕竟还是纯真的。他只是想得到大家的尊重罢了。可喜的是，他还是有着强烈的集体荣誉感，当他们学校的文艺表演缺少一个秃子的演员时，他毅然站出来，承担了这个重要的角色，而且把这个角色演得活灵活现。每一个孩子的心都是纯真的，他们的"忍不住笑""厌恶的眼神"也并不含真正的恶意，从孩子的世界中体验了什么是真，什么是纯。

一个是十足的小光头陆鹤，另一个是美得让人忍不住有保护欲望的纸月。纸月的一手好字，纸月的目光，纸月的笑声，纸月的温柔，纸月的承诺，纸月的倔强……都给桑桑带来了莫名的羞涩感觉，不由间有了一种朦胧的好感。这一切在作者的笔下描写的是如此的真实，又是如此的唯美。虽然纸月是个私生女，但是在孩子们的眼中，并不影响纸月的善与美，她依然是那么的纯。

杜小康的生活更有戏剧性的改变，他家从原来全村的首富一夜之间变为负债累累，小小的孩子确实承受了太多太多。一个整天穿着干干净净的孩子，过着无忧无虑的、有求必应的生活。他的生活受到孩子的羡慕。优异的成绩，再加上口袋的零食，每天罕见的自行车，在孩子的王国里，杜小康绝对是无可比拟的孩子王，连玩游戏都是领袖级的人物。可是，天有不测风云，随着父亲生意的失败，这一切的一切都化为了泡影。杜小康不得不辍学，随父亲去捕鱼。可是上天如同在戏弄他们，杜家的红门彻底垮了，杜小康只好在门口摆小摊，做起了生意。杜小康那么小就要学会坚强，勇敢地背起家里的重负，可是这一切对于一个孩子实在太重，太重。

桑桑是个调皮的孩子，做出许多令人捧腹大笑的滑稽事。把家里厨子拆了，挂在树上，自称是豪华鸽舍。她妈妈把他劈头盖脸揍了一

顿，可桑桑还是屡教不改，好了伤疤忘了痛。又把家里的蚊帐剪了捕鱼，被妈妈惩罚不许用蚊帐，蚊子把他叮得满头大包……看了桑桑这些滑稽的事，真是如同看到了自己的小时候。在桑桑身上我找到了自己过去的影子，让人忍俊不禁。

合上这本书，我宛如走进梦中，重回自己儿时的时光，作者用淳朴细腻的文字将几个可爱的孩子形象表现得淋漓尽致。不管是谁看了这本书，都会从几个可爱的孩子身上找到自己的影子。

我想，或许谁都走不出自己的童年……

喜欢这本书，因为它的美：语言美，意境美，人物的心灵美。

喜欢这本书，因为他的情，那人与人之间胜似亲情和友情的力量。

喜欢这本书，因为它的巧，构思巧妙，情节跌宕起伏，让人耳目一新。

013

邂　逅

周　筱

那天，晴空万里。我独自前往外婆家，站在路口等候公交车。低头看着手表，指针正好指向八点。"嘀——嘀——"刺耳的喇叭声响在寂静的街上，车如约而至。虽然我早已被漫漫时间消磨了耐心，可一触及那刺鼻的汽油味，眉头微蹙，不由迟疑了片刻，"嘀——"喇叭声再次不耐烦的在耳畔响起，心中不悦，冲司机翻了几个白眼，气

那一道车印

鼓鼓地上了车。

我站在车上左顾右盼，期待着一个身处"黄金地带"的好位置。可目光刚投向眼前的车厢，心中的失望就一股脑儿袭上心头。车上早已座无虚席。唉！无奈的我只能拉着扶手站着。我的旁边坐着一个妇女，这个女人的打扮并不是我所喜欢的类型，人说不上漂亮，可五官倒也端正。那花枝招展的衣服，以及脸上画着的浓妆，让人看着就感觉浑身不舒服。

车缓慢地向前行驶着，车上的乘客逐渐增多了。尽管站在前面，可是那浓浓的汽油味似乎总在鼻前环绕，心中被那难闻的气味搅得烦躁不堪，呼吸也随着急促。"吱——"忽地头晕目眩——车子突然一个猛烈的急转弯，毫无防备的我整个人向左倾斜，我的胃里一阵翻江倒海。

路好漫长，一种黏糊糊的液体，在口腔中放肆地流淌，颇有蓄势待发之感。忽然，车经过了一个填满污水的大水洼，车身顺着路势一起一伏，我不由自主的一个趔趄，口腔里的液体仿佛就要趁势决堤而出，我忙用手紧紧捂住嘴，努力压制着呕吐的冲动。阿姨见状，起身在摇摆不定的公交车厢里柔声询问，借来一个黑色的塑料袋。终于，酸涩的液体吐进了塑料袋中，心中顿时舒服多了。

还有三分之一的路程，天仍是那么蓝。阿姨用沙哑的声音轻柔地对我说道："小姑娘，你坐这儿吧。"之后，阿姨和我聊起了她从前晕车的故事和必要的应对措施，我听得津津有味，脑袋昏昏欲睡的感觉瞬间烟消云散。

终于到站了，正欲下车，一缕明媚的阳光透过窗子投在车厢里，我抬头恰好与阿姨对视，我们会心一笑。灿烂的阳光映在彼此的笑脸上，那脸庞的光影，多美好，多温暖。

如今，回想起那次邂逅，让我难以忘怀，它给了我向前的无穷力量。那转瞬即逝的绚丽也许几秒就消失了，但遗留的炽热余温却暖暖

的在心房绽放，漫延，挥之不去……

书店奇遇

王　茜

车窗外，如丝的小雨从空中飘落，雨点是那样小，雨帘是那样密，雨绵绵不断地下着。我抬眼看了看腕表，时针与分针正好指在12点的位置，便理了理被风吹乱的刘海，快步向书店走去。

刚踏进书店，一股浓郁的书香气息便朝我涌来，闻着这股墨香味，心中被雨点砸乱的湖面又恢复了平静。我嘴角扬起一抹微笑，熟练地走到书店最前面，仔细挑了几本书，走到旁边的小凳上，坐下开始翻阅这些书籍。

大概过了十来分钟吧，我突然感到眼前一黑，一个老人佝偻着背站在我前面，微微下伏的身躯遮挡住了我看书的光线。他指了指我坐着的长凳，说了几句话。我没怎么听明白，但我想他应该是想把这条板凳子移一移。我忙站起了身，这时我注意到他手中拿了一本书，心中暗自奇怪，看这老大爷的样子，起码也有七八十岁了吧！他吃力地把凳子挪到墙边坐了下来，接着把目光转向我，拍了拍身边的位置，示意我坐下，我毫不犹豫地坐到他身边。我看到老人的眼睛睁得老大，一眨一眨好像发着光，这让我想起了我的外公，我不由得想亲近他。

坐下后，我瞥见他先用那军绿色的大衣袖子擦了擦那本书红白

相间的彩绘的图书，然后小心翼翼地翻开第一页，上面赫然出现三个字——三字经。我再一次感到惊讶，这大爷是在给他孙子买书？正在我想得出神时，老大爷早已翻到第一页，手指着那个带拼音的"谦"字，用他那沙哑的带着浓厚乡音的普通话对我说："小朋友，这个字怎么念呀？"我费了好半天才听明白他的话。看了眼那个字，随口念了出来，他学着我念了一遍，却有着方言的感觉。我再也没有忍住我的好奇，问道："老爷爷，你是给孙子买书吗？"他笑了笑，仍用他那带着口音的普通话说："不是，我想买来自己看看，小的时候没有读书。现在，我想在我活着的时候多读些书，因为每次看书就好像有个朋友在和我谈心。"我也能感到他凝视着那本《三字经》长长叹了口气，似乎在为曾经没有读书而感到无奈与惋惜。但当他再次抬起头时，之前的沉重在他的脸上荡然无存，他那张像蜡一样枯黄的脸上出现一个如释重负的轻松笑容，露出他虽然稀少却仍然洁白的牙齿。那坚定的眼神震撼了我，仿佛诉说着他对书的狂热追求。

　　怀揣着一份感动，我步履轻盈地走出书店，外面，已听不到雨亲吻大地的声音，仰望向天空，我惊奇地发现，雨后的天空竟如此得美丽，如此一尘不染。快步走向车站，老大爷翻书时的小心翼翼、坚定的眼神和乐观的笑容回荡在我的脑海中，这让我想起了家门前的老树，虽年岁已高，枝条却仍然坚持不懈地往有阳光的地方伸展，渴望吸收更多的养料。

冬日里的回忆

王胜男

　　冬日里的那一天我照例像往常一样每天戴着手套捧着热乎乎的烤番薯一蹦一跳走在上学的路上。也许真是缘分吧，你突然从路旁小道上跑了出来，由于速度太快，有力地撞在了我的小腿上。你惊恐地抬起头来，一双大眼睛水汪汪的，似乎要流下泪来，从那以后，我喜欢叫你"水汪"。你大概也就五六个月大吧，灰色的短毛很脏，尾巴被树脂黏得像小棍。原来，你是一只遭人唾弃而无家可归的狗啊！一向没心没肺的我突然明白了什么叫酸。我掰了一半的白薯，放在离你半米远的地方，微笑了一下就走开了。你带着惊恐，轻咬了一口白薯，久久地凝视着我。隐约之中，我在那目光中，看到了一份感激。

　　每天上学，我总会习惯地掰一半的白薯给你，你则会小心地摇着尾巴，摇摇晃晃地走过来。你永远是那么惹人喜爱，一双大眼睛似乎要流出泪来。嘴里啃着小白薯，跑回自己的窝，那其实只是树下的一个树洞而已。我默默地扯了一把稻草，铺在树洞里，你站在我身后，我转过身去，抚摸你额头上凌乱的毛发。这一次，你没躲避，温顺地低着头，轻轻地摇着尾巴，我也同样轻柔地问："水汪，我们做朋友好吗？"你的身体轻轻地颤抖，喉咙里发出"呜呜"的声音。

　　我们真的成了好朋友，每天你跑着来迎接我，我也亲热的抱你一下，但我一直未敢带你回家。因为我清楚地知道，父母不可能会接受一条流浪狗！但你也丝毫不介意，我与你之间，像一对最亲近的朋友，但唯一不同于朋友的是，你永远只能默默地立在树边，看我消失在马路边。

快过年了，我们一家要去外婆家过年。因为外公去世多年了，外婆一人难免寂寞，过节也一个人在家冷冷清清的，今年爸妈便说了带了我们姐妹去外婆家过年。外婆离这儿好远呢，万一去住好几天怎么办？水汪会不会……我怀着不安对爸妈讲了水汪，结果爸妈没理会。那一天灰蒙蒙的，似乎要下雪，我走到树洞边上，你欢快地跑出来，围着我打转儿，我蹲下来："水汪，我要离开几天，你在家要好好的……"在树洞边，我放下了一盒拆掉盖子的牛肉干，往你嘴里塞了一块白薯，你愣愣地站着，呜咽了许久，我拍了拍你的头："你要好好的哦。"但我真没想到，那一次竟是永远的诀别！

在外婆家住了两个礼拜后，我一下车直奔树洞，但我却傻了眼，水汪不见了！牛肉干未动，我又惊又悔，泪水夺眶而出，急忙向住在附近的一对中年夫妇询问。他们回答说："那条流浪狗啊？我昨天我亲眼见着它嘴叼着白薯一直站在路边，晚上一辆货车开得快，又下着点雪，那狗就被车给压死了……"我浑身打战，冒着雨夹雪，哭着跑着回家……

眨眼之间，又是一个萧瑟的冬天，我走在当年飘荡过我的欢笑，留下过我悲伤的记忆小路上，心里空空的。久违了的阳光调皮地钻出厚密的云层，暖暖地照在我的身上。那阳光里同样也有一种久违了的味道。我将手中的白薯轻轻地放在地上，渐渐我笑了，心里默念："水汪，过得一定好吧！"

走 进 山 林

王欣茹

　　已不是第一次走进家后面的小山林，却第一次感受到山林的魅力。

　　一踏入树林，我便被各种各样浓浓的香气包围着，或许这是生平最令我心动的事了。我伫立在树丛之间，被潮湿的雾气包围着，仿佛天与地已经融合在了一起，披着一层朦胧的轻纱，慢慢闭上双眼，感受着风儿温柔地抚摸着我的脸颊，静静聆听着泉水叮咚的悦耳声，这都是大自然的声音啊！我倚靠在树上，好久好久……

　　鸟儿的一声清脆的鸣叫让我顿然从沉浸的梦境中醒了过来，我睁开双眼，继续向着丛林深处走去。不久，我看到了一条小溪，溪水伴随着落叶静静地流淌着。我俯下身子，将手放在那清澈冰凉的水中，任凭那凉丝丝的水在指间穿梭，静静地回忆从指间流走的往事……

　　我静卧在草丛之中，连这柔软的小草也蕴含着大自然的气息，令我身心舒畅。此刻的我只愿听着虫儿的鸣叫，呼吸着袅袅花香，享受这只属于我的大自然，只属于我的世界！

　　从回忆的遐想中渐渐醒来，回望周围，树木和枝条都相互掩映着，一缕缕温暖的阳光透过那茂密而又交错着的枝叶的间隙照射到大地上，照射到我的身上。继而，踏上了蜿蜒曲折的台阶，真有种陶渊明笔下曲径通幽之感。又往上走，一阵阴凉的风迎面而来。不知走了多久，我眼前的树木隐退了，山峦开始有了层层的棱角。

此时已近黄昏，我便走下了山，依依告别了林子，落日的远方有隐隐残霞，虽洗去铅华，却依旧色泽变换，流光溢彩。眼前几家农舍错落有致，炊烟缭绕。披着夕阳的余晖，我又开始冥思遐想了。

正当我沉湎于回忆之时，突然间，满天银辉，蓦然抬头，已是星光闪烁，月挂梢头。我好像从未见过这样的月儿，如一轮飞镜，映透山河。

大自然美丽的景致和无限的风光，说不尽，道不完，一路走来一路赏。放慢生活的脚步，和大自然来个亲密的接触，突然发现生活是那么的诗意和美好！

020

美，就在身边

胡新越

美——字典上有多种解释：可解释为美丽，好看；也可解释为令人满意，好；抑或是美好的事物。可我认为，美是不能下具体定义的，它是一个鲜活的东西，是只可意会不可言传的。罗丹曾说过："生活中不是缺少美，而是缺少发现美的眼睛。"美，存在于生活的点滴中，等着我们用智慧的眼光去发现。

迎着夏末微热的柔风，淋着细如牛毛的小雨，我漫步在江边。也许是因为下了些雨的缘故吧，人并不很多，甚至可以说有些稀少，我

却并不觉得孤单。一切都像是被蒙上了一层白纱，江面更显得有些神秘莫测。虽是波澜不惊，可令人感觉不知何时就会泛起波涛。忽然，我看到远处有一个小黑点，正缓缓向我靠近。怀着想要一探究竟的心情，我疾步向前走去，定睛一看，才发现那只是一艘破旧不堪的环卫船，正在打捞着江面形形色色的垃圾。在船上，堆得小山高的垃圾散发出一股恶臭，而被打捞过的江流已清澈见底、焕然一新。望着那艘破旧不堪的环卫船，我忽然觉得那不仅仅是一艘环卫船，更是环境的保护者。在江边，空气中夹杂着潮湿的泥土气息。柳树随着微风摇曳着，柳叶经雨水的冲洗后绿得更通透。草被小雨淋得软软的，草地也由原来的坚硬变得松软起来。走着走着，就留下了一串深深浅浅的脚印。鞋子上已沾满了颗颗晶莹的水珠，可这也阻挡不了我发现美的脚步。

再往前，穿过草地，沿着原来的石子小路向前走，便又看到了另一番景象。宽阔广场上的人屈指可数，大多都步履匆匆，很少有人停一停脚步。雨珠在坚硬的大理石板上溅起一朵朵晶莹的雨花，它们跳动着，飞溅着，像是正在飞舞的精灵，上演着一场声势浩大的舞会。不知不觉中，雨渐渐大了，我只好来到广场中央的凉亭躲雨。向外望去，江面已不再那么平静，正泛着波浪，翻腾时别有一番情趣。江的对岸，一栋栋雄伟的建筑物，错落有致。可最吸引我的，并不是这些，而是蒙蒙雨幕中那一个鲜黄色的身影，那是一个普通的环卫工人，一名四十岁上下的妇女，穿着鲜亮的雨披，踩着沉重的套鞋，拿着扫把耐心地清理着地面的垃圾，一下又一下，动作单调却又仔细。那专注的神情，仿佛是在做一件极其神圣的事。我不禁为她感动。

其实美就蕴含在生活的点滴中，点点细雨是一种自然的美，幢幢高楼是一种发展的美，环卫工人辛勤的背影更是一种美，那是奉献，是无私，是一种无言的承诺。而我们，偶尔放慢生活脚步，看一看生活中的各色风景，又何尝不是一种美的熏陶？美，就是这样，存在于

生活，藏匿于生活。也许当你刻意寻找时，很难发现。不过当你放慢脚步时，它自己又呈现眼前。

扫把的美丽

郭琼圆

人来人往的校园里，总能看见高大的教学楼，安静的宿舍，笔直挺拔的大树，碧绿的草坪……每个学校都有着这些美妙的风景，但是我眼中的美丽却是墙角的那一把扫把。

走出教室，一把蓝色扫把映入我的眼帘，"谁落在这里的呢？怎么放在走廊上？"我有些诧异，但也没有多想。回到教室后，不知道为什么，那扫把好像放在了我的心上，我的心老是想往教室外蹿。我尽量控制住自己，它就是不听使唤。终于下课了，我急忙往教室外走，看那把扫把还在，真是万幸。

下午的自修课，全班同学都埋头苦干，教室里出奇的安静。我也在奋笔疾书。正当没有思路抬头时，我看见一个微胖的中年妇女走过来拿起那把蓝色的扫把，她的另一只手拿着畚斗，原来她才是扫把的主人。我坐在位子上看着，她拿着扫把从附近开始扫起，她的眼睛好像探照灯一般，四处扫射，藏在角落里的一点点小垃圾她都能立马看见，果断清理掉。没多久，班级门口已经扫干净了。她也转战他处。

过了一会儿，我去老师办公室问题目，刚走出教室又看见她在走廊拐角处，弯着腰，身体往前伸扫垃圾。她突然蹲了下来，用她早

已准备好的小铁锹抠去黏在地上的口香糖。那略显肥胖的身体好像突然失去了平衡，她不得不用手支撑在扫把上。等我问完问题走出办公室，她还在和口香糖作战，已经是满头大汗了，动作也没有之前利索了。走廊上一片安静，我仿佛能听见她沉重的呼吸声。她可能觉得累了，站直了捶捶自己的腰，为自己抹去满头大汗，休息了一会儿又继续奋斗。那本来积满水垢的饮水机旁的地面，拖过后闪闪发亮，垃圾桶换上了新的垃圾袋。 她带着垃圾匆匆离开了，又留下了那把扫把。

我走进教室，感觉教室里更加安静了，就连呼吸声都能听到。

我们的身边总有这样一种很不起眼的美丽。这美丽来自于那角落里的扫把，感谢它为我们扫去了肮脏，留下了清洁；这美丽还来自于那位清洁工阿姨，感谢她流下了汗水，带走了污秽。这美丽，让我体悟到了平凡的付出与收获；这美丽让我感受到心灵的纯净与快乐；这美丽，让我相信生活的美好。

第二天，我再一次看见了她拿起扫把……

那一道车印

甘瑜杰

"有车了不起吗？大雪天开这么快，溅了我一身脏水，没素质！"望着疾驰而过的汽车，我不禁愤愤然，那闪亮的车尾灯好像是对我的嘲弄。

真让人沮丧啊！雪下得很急，不容分说地盖满大地，还没放学就积到了脚踝那么高。校园里一片雪白，长廊寂静幽暗，只有那阵阵风呼啸。我暗自思忖：爸妈会来接我吗？要不自己走吧？这么冷的天来个与雪共舞也不失为一种浪漫。心里正打着小算盘暗自得意，哪知道刚出校门就飞来了这讨厌的轿车，不仅彻底粉碎了我的如意算盘，还把我弄成个狼狈的泥人，这让我情何以堪？

我生气地走在大路上，一辆辆车从身边疾驶而过。车速未减，即便绕过我摇晃地开走，偶尔也溅我一身泥点。我已经完全不在乎了，脏就脏了吧，我今天就要走在大路上。车辆们留给我的也只有丑陋背影和杂乱车印罢了。它们在我眼中也只不过像小丑一样，我等待着看更多的"小丑们"。

这时，一辆红色轿车轻轻地在我面前停了下来，开车的是一位三十多岁的阿姨。她把车窗摇下，温柔地和我说："姑娘，走人行道啊，马路中间很危险，天黑路滑的，安全第一。"她温声细语，却仿佛有魔力一般，我居然乖乖地走到了人行道上。她朝我笑笑，关上窗，离开了，留给我的又是一道深深的车印。

我的心中为之一怔，这车印不只是留在雪中，更像是轧在了我的心上。我突然意识到自己的行为有多可笑。自己埋怨司机开车太快没素质，可我又做了什么呢？所谓的"与雪共舞"不也是妨碍交通吗？狭隘的我被恼怒冲昏了头脑，无知地把自己放在了危险的境地，其实，没有素质的人，也有我……那阿姨温柔地提醒在这寒冷的冬天给我带来特别的暖意，也让我抛弃了不理智的愤怒。不知不觉我回到了自己的位置——人行道，也找回最初愉快的心情。

雪还在下，留在路上的那道车印很快被覆盖了，但留在我心里的那道车印永远无法抹去……

有你的生活才最美

沈圆丽

　　品一口香茗，捧一本雅书，让茶香四溢，阳光射入，将斑驳的叶影打在书间。书页间那阴影中的二字，却映在了我的心中——"幸福"。她好似母亲的笑声、掌声，时时让我感受到人生的美好。

　　母亲的笑声是清脆爽朗的。

　　那是一个烈日炎炎的夏天，我与她一同坐在房内，吃着西瓜，那感觉一个字——爽！我一时兴起，与她聊起了我的校园生活。我讲得绘声绘色，她听得津津有味。听我讲到不如意的事时，她会偶尔皱皱眉，眨巴着双眼，好似在问我："真的吗？还有这种事啊？"若是听我讲到趣事时，她会眉毛一弯，眼睛一眯，朗朗笑声轻快地响起。那神情，那笑声，无不牵动着我，原来母亲也似小孩儿般！"呵呵呵，哈哈哈！"母亲的笑声，如此清脆，如此爽朗，引得我同她一起笑。

　　母亲的掌声是热烈温暖的。

　　那是一个明星如棋子般散落在天空的夜晚，我正在"少儿英文歌唱大赛"的会场边紧张准备着。会场的激烈角逐气氛感染了我，丝丝细汗不知不觉中冒了出来，母亲赶忙拿出随身携带的小扇子不停地为我扇风。"别急，别急，妈妈会为你加油哦！"时间就这样悄然而过，终于轮到我出场了，我深吸一口气，强迫自己安静下来，母亲抚摸着我的脑袋，这使我的心平缓了许多。我将心一横，一跺脚，走上了台。站在台上的我四处寻找着母亲的身影。哦！在那！看到母亲期盼又温和的眼神，我莫名地来了勇气。一鼓作气、一字不落地唱完了英文歌，当时我的手心已经沁满了汗。母亲第一个为我鼓起了掌，随之，观众席上也响起了热烈的掌声。母亲的掌声，如此热烈，如此温暖，回荡在我少年的天空里。

仰首是春，俯首是秋，时光匆匆，红了樱桃，绿了芭蕉。我知道人生充满着变数，然而母亲的笑声和掌声，永远陪伴着我。在她的笑声中，我知道自己是被关心着的；在她的掌声中，我知道自己是被鼓励着的，在她的呵护下，我慢慢褪尽青涩，渐渐体味到人生百味。在平凡中，我享受到幸福！

原来，有你的生活如此美！

026

尝试，是勇敢者的游戏

巫涵义

今年的夏天带来了意外的燥热，我懒洋洋地瘫软在床上辗转反侧，忍受着臭汗和蚊子的双重折磨，却怎么也按捺不住内心的躁动，说好的"心静自然凉"呢？全都是骗人的！

父亲不由分说地把我从床上拖了起来，拉着我去了家门口的小河边。别看从小在这里长大，我这只旱鸭子对水可真的没什么天分，站在河边看着伙伴们游水嬉闹是往年暑假我的保留项目。当真要自己下

水还真是大姑娘上花轿——头一回。我下意识地哆嗦了一下，后退了两步，连连摆手说道："爸，我想回家。"带着胆怯，我低声恳求父亲。可他却坚决地摇了摇头，自顾自地下水了，任由我站在岸边。

父亲在水中像只大鱼般毫无束缚地畅游着。一阵风拂面而来，风助水势，父亲却如履平地般的向上游去，两只手臂不停地摆动，那行云流水般的动作牢牢地吸引了我的目光。我的心不知不觉动摇了，要不——试一试？我暗自问着自己，脚却不由自主挪向水中。既然都来了不妨试一次。我咬咬牙狠下心来准备行动。殊不知，事与愿违，刚下水就不小心踩到了水底那松动的小石块，一屁股栽到了水里。虽然水浅，但也呛了不小的一口水，步子踉踉跄跄的，像极了马戏团里的小丑。这样一来，刚壮起来的胆子又像泄了气的皮球，恐惧又占了上风。

我退回来，枯坐在河边的一块青石上，羡慕地看着父亲在水中轻松地穿梭着，时而钻出水面，时而潜入水底，活像一只大鱼儿，溅起阵阵水花。他时不时甩点水给我，有时候又潜到我的脚下摸摸我，跟我开玩笑。经不住爸爸的一再逗弄，我问他："您为什么可以游得这么自在呢？"他笑道："傻孩子，小时候啊，我也像你一样十分怕水。但就是因为第一次勇敢地尝试，才有了现在的收获。你现在呀！同我那时候一模一样。你呢，不要想太多，别想着自己多害怕，不要阻止自己迈出第一步。凡事只有尝试了才知道结果。不去尝试，那连收获的机会不都没了吗？你需要做的只是勇敢地试一次。"

父亲的言语深深地触动了我，是啊，我连第一步都不敢迈出去，还谈什么学游泳呢？一切都只是空谈。别浪费时间了，我安慰自己。我深吸一口气，目光转向父亲，他似乎明白了我心中的挣扎和犹豫，很配合地向我伸出手。我终于鼓足勇气，"扑通"一声跳入水中，一脚踩到水底。也没那么可怕嘛，我站起来，水不过没到胸口，想象中地头晕憋气全都没有出现。父亲接住我，微笑地抚摸着我的小脑袋。然而，身处水中的我，突然玩性大发。虽然技术不好，重心也不够稳，但在浅水区也足够我享受无穷乐趣了。水清凉清凉的，柔美的顺滑感从指间流过，连日来的燥热顿时一扫而空，干燥、烦闷、火气该去哪儿去哪儿吧。我等待这舒心的感觉实在是太久了，不禁有些嫌弃自己的胆小懦弱，如果早来试一试，还用得着忍受这许久的炎热吗？放眼望去，岸边垂柳随风舞动，借着阳光的照耀跳起了探戈，鸣蝉的叫声也是从未有过的悠扬。曾经最害怕的水成了我的玩伴，给了我阵阵清凉与舒心，原来这里就有着无与伦比的美丽。可惜，好时光总嫌太短，无奈的我恋恋不舍地从水里钻出来。

此后的很长一段时光里，我时时怀揣着父亲的教诲，尝试过无数次勇敢。曾经，现在，未来，这都将是我今生最大的鼓舞。因为，我了解了尝试，是我作为勇敢者的游戏。

难忘那片花丛

彩 虹

每次心中闷闷不乐，便不由自主地来到这片花丛，这里有股独特的气息，让我驱散心中的烦恼。

一个人慢慢走在这条青石板铺成的小路上，看着小路旁那绿油油的一片小草，草中映衬着株株大红月季，还有周围缠绕着的五角星花。

记得以前，最喜欢来这里的是外婆。我每天放学回来，都能在这里寻到她的身影。外婆在这里忙活，或给花儿浇浇水，或给花儿摘摘

叶子，或只是看着它们。我欢喜地向外婆奔去，蹲在外婆的身旁，她身上有股淡淡的中药味，却让我闻着舒服。我对外婆说："这月季真好看。"外婆笑了笑说："好看是好看，只是娇弱了些，反倒是这些平凡的五角星花，经得住风雨。"

外婆看向我，见我疑惑的表情，又摸摸我的头说："孩子，做人不能只求表面的华丽，还要做一个坚强的人啊。就像这小小的五角星花一样。"我似懂非懂地点点头。

不久后的一个清晨，我来到花丛前，经过一夜大雨的洗礼，美丽的月季花柔弱的花瓣七零八落，残留下来的花瓣上颤动着滴滴水珠，风一吹，水珠轻轻滑落，那是月季的眼泪吗？怜惜之余却瞥见了那一片五角星花，竟还是如此完好，在阳光下眨着眼，是在对我微笑吗？

外婆说得没错，五角星花虽貌不出众，但它内心坚强，做人也该如此。外婆就像这五角星花，她辛苦了大半辈子，还得了重病，却从不哭不怨，努力活着。

如今，外婆已不在，但每当来到这片花丛边，心中的愁云消散了，生活中的那些困难，也便有勇气微笑面对了。

难忘蝉鸣

远 丽

"黄梅时节家家雨，青草池塘处处蛙。"不知何时，蛙声已成一片，而蝉，也在不经意间爬上了枝头，叫来了夏天。

夏天是不羁的，是豪放的。且听那声声蝉鸣，嗅那沁人花香，触那坠落枯叶，风儿拂过，荡漾起微笑的涟漪，映着你我微笑的脸庞，回首那天……

暑假来临，爸爸早早将我送到奶奶家避暑。与其说是避暑，倒不如说是父母工作繁忙将我寄托在奶奶家罢了。晌午，正值毒日，我悠闲地趴在奶奶身边，舔着冰凉的冰棍。不知从何处传来一声声知了叫声，打破了原有的沉寂。我不禁皱了皱眉，不满地笑道："奶奶，这知了真是不怕费力气，叫得这么久了还不停歇吗？"奶奶只是笑笑。

第二天早晨，天色朦胧，我早早起来。呼吸着院子里新鲜的空气，顿时神清气爽。目光不经意间瞥到地下那几只瘦小的身影，晨风拂过，它们却丝毫未动，只有那透明的蝉翼随着风，微微颤动，如此孤寂，落寞。我的心似乎也随着它们透明的蝉翼颤动起来，明明昨日还是好好的，今日怎会落得这般光景。奶奶抚摸着我的头，略一叹息，说道："蝉就是这样，你看它今日精神亢奋地叫着，有多少人知道它是为明日的死亡做准备呢？即使是面临死亡，它们也会竭尽全力地鸣叫。"

我突然明悟：生命的意义并非在于长短，而是你所活的那一秒里所体现出来的价值，你是否尽全力让生命变得更加精彩！

这便是我从蝉身上学得的道理，时至今日，每每听到蝉鸣，我不禁会感慨一番。

窗外，晨风捎带着花香拂面而来。阳光下，花蕊上，草叶上，仿佛有星星在闪烁，那是昨夜的露珠。而那小小的蝉，不知何时已爬上了枝头。如今，它鸣叫得越发响亮了。

烟火里的尘埃

　　一步一个脚印，相信自己，去追逐梦想，这也是自尊的体现。想追的梦就大胆去追，正如张含韵的歌词"想唱就唱，要唱得响亮，就算没有人为我鼓掌，至少我还能够，勇敢地自我欣赏……"尊重自己，完善自己，让你生命再无遗憾。那么，就算你本身如烟火中的尘埃一般渺小，也会绽放出耀眼的光芒！

烟火里的尘埃

夜 莺

亲爱的女孩儿：

突然收到这样陌生的来信，请不要惊慌，我是你心中另一个自己。

我知道你最近有许多烦恼，作为另一个你，我感同身受。不出彩的外貌平淡无奇，有些落后的成绩不值一提，沉默寡言总被别人遗忘，成了人人眼中的后进生——也不过是"差生"另一个好听的代名词。

除去在学校里的自卑，回家也无法感受片刻的温暖——我想你大概是这么认为的。父母口中无休止的"别人家的孩子"无意间触伤了你。你无力反驳，只能屈起双膝，把头深深地埋入其中，向隅而泣，如受伤的小兽。

但我听见你内心越来越强烈的呐喊，呐喊着你对现状的不满，向命运发出挑战！你厌恶被人轻视，你渴望被认可，渴望被赞美，渴望一个多彩绚烂的青春，成了你眼下最大的梦想。

亲爱的女孩，如果想得到别人的尊重，首先你要学会尊重自己。不要太在意世俗的眼光，不要害怕取笑。学习上多听多问，遇到困难微笑面对，悦纳自己，完善自己，而不必在意别人的目光。请记住，

你是一个独立的个体，你拥有自己的思维。去做你想做的事，不必被压抑，不必被束缚。他人言语别太在乎，快乐微笑，做好自己，这才是对自己的尊重。

一步一个脚印，相信自己，去追逐梦想，这也是自尊的体现。想追的梦就大胆去追，正如张含韵的歌词"想唱就唱，要唱得响亮，就算没有人为我鼓掌，至少我还能够，勇敢地自我欣赏……"尊重自己，完善自己，让你生命再无遗憾。那么，就算你本身如烟火中的尘埃一般渺小，也会绽放出耀眼的光芒！就从现在开始尊重自我，超越自我吧！女孩儿，你能做到吗？

成长的路上，请你学会尊重自己，慢慢地走。在遥远的未来彼岸，我等着你。

距　离

柯惠虹

天色已渐渐拉上黑幕，像往常一样，我背着沉重的书包，拖着慢吞吞的步伐，终于跨入了家门。

"回来了，晚饭烧好了，赶紧吃饭吧。"妈妈望了我一眼，对我说了句，又转身忙碌着。我放下书包，盛了饭坐下。对面坐着爸爸，叫了声爸，他点头叫我吃饭。我们没有再说话，晚餐在沉默中进行着。爸爸突然开口："你们这星期有没有考试啊？"我夹白菜的手顿住，又很快将白菜夹起送入口中，头没抬，淡淡道："考了。"他连忙又问："都考了什么啊？""没考什么。"他放下碗筷，"什么叫没考什么啊？语文考了没有？"感觉到他的注视，我心中有一丝丝厌烦，"没考，吃饱了。"扔了筷子，起身要回房间。

"你回来，到底考了什么，是不是考砸了？"爸爸也站起来，声音微微发怒。我心中莫名烦躁起来，冲他嚷道："你烦不烦啊，不停地问！""嫌我烦了，是吧？我问下成绩不应该吗？你现在翅膀硬了……"他向我吼道，脸色红涨，眼睛瞪着我。我却丝毫没有畏惧："考得好怎么样，考得不好又怎么样，你管不着！"胸中那股怒气令我夺门而去，隐约听见妈妈喊道："去哪啊？"我头也没回地往前走。夜微凉，冷风一阵阵地吹过，吹落了我的眼泪。

忽然听到一声声稚嫩的"爸爸、爸爸"的声音，目光移到一个扎着羊角辫的小女孩儿身上。女孩儿旁边站着位高高的男子，只见男子一把抱起小女孩，用胡茬扎着小女孩儿的脸，然后将其举起，让女孩儿骑在两肩上，嘴里还学着马叫"嘚儿、嘚儿……"惹得小女孩儿咯咯地笑。

思绪飘回到很久以前的那一个个夜晚，爸爸也是这样，驮着我逛马路，说着好多有趣的事，那时的我，多开心，多喜欢爸爸啊。不知从何时开始，对他的称呼不再是甜腻腻的"爸爸"，而是冷冷的一声"爸"。我和他，距离越来越远。心头涌起一丝丝愧疚，起身，回家。

到家门口，门大开着，客厅的灯亮着，透过玻璃窗，望见了爸爸和妈妈正坐在桌旁，时不时地往门口探探，淡淡的暖意流过。

进了屋，妈让我早点休息。不知睡了多久，隐约感觉到有人握住了我的手，轻轻放入被窝，为我掩好被子。迷迷糊糊地睁开眼，爸爸的脸映入我的眼帘，好久没看过这张脸了，现已变得又黄又黑，额角的皱纹在蔓延，额前的发丝夹杂着白发。见他转身欲走，我马上伸手握了他的手，哽咽着叫了声："爸爸。"爸爸微笑着轻声说："怎么

醒了？"我动了动嘴唇，终于道："爸爸，对不起。"爸爸抽出手摸摸我的头，笑着说："傻女儿，我是你爸爸啊！"

在爸爸温暖的怀抱中，我再次沉沉入睡，仿佛又回到了小时候。脑中盘旋着爸爸的那句话：没错，我们是父女，有着割不断的亲情，我们之间永无距离。

亲 情 可 依

黄芊芊

亲情是阳光，温暖着我的心灵；亲情是月光，它能照进我的心灵。

农民忙的季节又到了，那紧张的学习生活让我无法长时间在稻田里游玩。我坐在家里做作业，但当我把视线从书本转移到窗外时，阳光虽有些偏西了，但还是很强烈。

我跑出门去，奔向我家的稻田。爸爸妈妈正在把一捆捆稻子抱到打稻机旁去打稻谷。不多会儿，打稻机就满了。爸爸快速蹲下，将稻谷舀出。好多次，下落的稻谷像短刺一样打在爸爸湿淋淋的脸上，爸爸顾不得这些了，他匆匆的身影从我身边来来往往……我忍不住想去帮忙，爸爸却说："不要动，你吃不消的。是不是做作业做累了？到那边休息一下。"阳光依然这么强烈，爸爸的汗珠在不断滚落下来。我静静地坐在田埂上，凝望着阳光不停走动的勤劳的身影……

星期五放学，我等车等了很久，回家已经有些晚了。我走在路

上，渐渐暗下来的天似乎像被团团雾层围绕着，路上看不见一个人影，只有夜晚的寂静伴随着我，月亮还有些朦胧，似乎隐身在黑暗的云层里，看不清她平时柔美的身姿。

渐渐地，从远处飘来清脆的车轴声，那么熟悉。车影和人影渐渐地在黑暗中隐现，我迫不及待地喊道："爸爸！"内心莫名的有一股热的潮水在涌动。"快上来吧！"爸爸把车骑到我身旁停了下来。

不知何时，爸爸骑得越来越费力！眼上涌上一层水雾，但我仍然装着开玩笑地问道："爸爸，是不是我又长胖了！""嗨，没感觉到呀！不过我真是骑不太动了，或许爸爸开始老了吧！"爸爸仍然看着前方，笑着说。听到这里，我的眼睛有些湿润了，心中暗道："爸爸，我爱你！"

不管将来会怎么样，那阳光，那月光永远会照亮爱的港湾。亲近亲情，亲情可依一生！

忘 不 了

郑秋宏

试卷发下来了。我迷惘的心也平静下来。

轻轻揭开它那层面纱。"83"这个分数像一块巨石一点点浮出水面，却又像刀子一般扎入了我的眼球。担忧、恐惧、酸楚、痛心……一种错乱的心情荡漾在心头。这对于我来说，恰似雷鸣。周围的一切笑声，都像灼人的火花，一点点烧灼着我的心。但我却不敢相信这个

事实，依然揉搓了一会儿双眼，刺眼的红色还是使我心头一震。我在想：如果我能哭就好了，但是我不能。任何一丝湿润的眼泪都被我深深地包裹，包裹。然后浸入心田。苦涩一点点侵入在心头。

回家的路上我一句话也没说，望着雨水一滴滴打在车窗上，划过一道道银线。雾气掩盖住了远处的村庄。

"我回来了。"我迈开沉重的双腿，一步步向家中走去。我低着头，不敢直视父亲的眼睛。"回来了？"沙哑的嗓音，这是父亲的嗓音。

"嗯。"我飞快地跑进房间，泪水如泉涌般流了出来。还记得考试的前一天，父亲用粗糙的双手抚摸着我的头，轻轻问道："这次能考好吗？"

"当然。"我肯定地回答。

"你考好了我就戒烟。"说完，父亲用力深吸了那天他抽的最后一口烟。

"拉钩。"我的小手与父亲的大手紧紧连在了一起。

"拉钩钩，不许变，谁变谁就是小狗。"

"拉钩钩，不许变，谁变谁就是小狗。"这句话一直在我耳边徘徊，豆大的泪珠滚落了下来。那一晚，父亲把我叫到身边，一如既往地用他那大手抚摸着我，轻轻用纸巾擦去我面颊上的泪珠。他呼出的烟草味在空中荡漾。

"你是不是怕我骂你？"

"嗯。"

"没事的，我才不骂你嘞，我把你生得这么聪明，又这么可爱。可是，你也要把我给你的聪明拿出来展览一下，放太久可是会发霉的。"

"放心，我不会放太久的，我下次一定要把的聪明全部拿出来展览，还要让你戒烟。"

"好啊！"

最后一句话，父亲是笑着说的，脸上露出一道道的皱纹。

放心，我下次一定把我的聪明用上，小老头，快点吸最后一支烟吧。

那飘在空中的烟草味，我一直忘不了，还有那一次的拉钩钩。我想：下一次就能笑着抢走你的最后一支烟了。

这就是爱

刘胜男

"老爸，我回来了！"我轻轻地推开家门，看见爸爸坐在客厅里看电视，便高兴的向他报告。"哦，你姐姐要回来的。"说完爸爸继续看电视了。

我拎着书包很快地走进房间，坐在床上望着天花板发呆。为什么爸爸对我那么敷衍？他都不关心我一下。心像被针扎过似的疼。小时候的记忆又被翻转上来。

"快一点儿啦……"我的东西还没拿好，姐姐拉着我的手就往外跑。"慢点儿啦，手都要被你弄断了！"我怒视着她。她只好拉着我慢慢地跑去奶奶家。"你们两个过来。"爸爸突然叫我们过去。听他的口气很不高兴。我忐忑地走到爸爸跟前。"长那么大，还不知道守时，你说你有什么用？"爸爸的声音很大，我低着头，委屈极了。如果我和姐姐都错了，爸爸总是先拿我开刀，仿佛在爸爸眼里，我永远

都是错的。

为什么每回都是这样？只是因为姐姐从小体弱吗？回家的喜悦一下子就被爸爸的冷漠冲淡了。

时间过得很快。学期结束寒假开始了，我终于可以开心的过年了。

放寒假的第一天，我便和姐姐赖在床上不起来。钟声悠长的响起，哦，八点整了。爸爸已经起床了，清脆的脚步声往我的房间走来。只听"哗"一声，我床上的被子被无情的掀起。"你看看几点钟了，怎么还不起来？快点！"还没等我开始说，爸爸已经扬长而去了。

我知道，他又不满意了。

姐姐还在睡梦中，爸爸轻轻地帮姐姐盖好被子。看到爸爸对姐姐这般爱护，我诧异地看着爸爸，泪水湿了眼眶，但始终没有滴落下来。他讨厌我哭，他说，我要像男子汉一样勇敢。可爸爸却不知道，我变得越来越爱哭，只不过从不在他面前哭。

"爸，"我叫住了爸爸，"为什么你对我这么苛刻？为什么你总是骂我，你有没有考虑过我，你知不知道我也会难受……"我很惊异自己竟然会说出那么多话来，我不知道我说了多久。我只知道，那一刻我实在受不了了，我把压在心里的所有委屈都发泄出来。而爸爸显然被吓到了，他什么话都没说。

过了一会儿，传来了爸爸的声音。"女儿，我一直以为你像男孩子一样，有能力照顾自己，要对你严格点，所以我很抱歉，少了对你的那份关心。爸爸在这和你说对不起！爸爸也是爱你的。你知道吗？"爸爸的语气很低沉，听得出他很自责。我的心忽然颤抖了一下，眼泪下来了。抬头看着爸爸，他的脸上写满了愧疚。这一刻，我发现自己太不懂事，太任性了。我一直误解了爸爸。

这就是爱，爸爸给我的一份特别的爱。

红 发 卡

应 莹

在我的抽屉里，珍藏着一枚红色的发卡。每当我捧起这枚红色的发卡时，那件往事就会浮现在我眼前。

那是去年夏天的一个傍晚，我陪妈妈逛商场。刚进商场，妈妈一眼就看中了柜台里摆放着的一枚红色的发卡，上面还缀着一个可爱的小蝴蝶，便停下来对我说："这枚发卡不错，买这个吧。"可是我的目光却落在了旁边的一枚黑色的发卡上，我对妈妈说："我想要那枚黑发卡。"妈妈听了我的话，吃了一惊，抬眼望了望我，说："女孩子戴红色的才有精神呀。" 记忆中，从小到大，我的每一件物品，甚至丝带、发卡，都是妈妈精心挑选的，它们都有一个共同的特点：明亮的红色或淡黄色，边角总有一些花朵或小动物点缀着。而我总是一身儿童打扮出现在妈妈的视野中。在妈妈的眼中，我永远是个长不大的小女孩儿。

随着年龄的增长，我渐渐走向成熟，再也不是昔日那幼稚、天真的顽童，也不再把红色看成是唯一适合女孩子的颜色。我发现了黑色的稳重，紫色的庄重，蓝色的深邃。望着镜中自己幼稚的打扮，我想要一个式样朴素的黑色发卡的愿望更强烈了。

"我们还是买红色的吧！"妈妈的话打断了我的思绪，听得出她

的声音近乎祈求，接着，她又满怀希望地盯着我，期待着我的决定，似乎她也意识到，她的女儿已经长大了，不再唯命是从了。面对这些我也左右为难，一边是妈妈的期待，一边是黑色发卡的诱惑，不，确切地说是成长的诱惑。正当我要说出是黑色发卡的瞬间，我第一次看清了妈妈眼角的鱼尾纹；第一次发现妈妈原本乌黑的秀发中有刺眼的银丝；第一次发觉妈妈明亮的眼睛已显浑浊……它们是那么强烈地震撼着我的心，刚开始的想法，霎时被另一种想法所代替，我抬起头，正视着妈妈的眼睛，说："妈，我们买红色的吧，红的好看，我觉得很适合我……"妈妈高兴地买下了那个红色的发卡，转身把它别在我的头发上，欣慰地笑了。

许多日子过去了，我的抽屉里仍珍藏着这枚红发卡。每当我看到它，我仿佛又看到了妈妈眼角的鱼尾纹，黑发中的银丝以及那不再明澈的眼睛…… 我便知道，我该怎么做了。

妈妈的脸

徐晓娟

在生活中，我们接触过无数样事物，有花儿、小草，有水，有沙，还有许多，许多。在这许许多多的接触中，最让我难以忘怀的是对妈妈的脸的亲密接触。

妈妈年近四十了，生活的艰辛在她脸上留下了岁月的痕迹，妈妈也总是说她老了，变丑了。每当听了这话，我就会十分激动地说：

"妈妈，怎么会呢！你在我心中永远是最美的！"妈妈听了，也总是呵呵地笑，犹如湖面般的脸上，仿佛一阵微风拂过，泛起层层波纹。

一次，老师布置了一篇作文，题目是《妈妈的脸》。当我不知该如何下笔时，走到客厅里，看见妈妈正坐在椅子上，细细地缝着我那昨天被树枝刮破的裤子。这时，不知怎的，我看着妈妈的脸，入了迷。

"妈妈！"小小的我兴奋地冲出幼儿园的教室，投入了妈妈的怀抱中。妈妈笑着抚摸着我的小脸蛋儿，我也学着妈妈，也抚摸着妈妈的脸蛋。妈妈的脸虽然并不白皙，但是摸起来却十分光滑，十分柔软。因此，我便更爱妈妈的脸了，并且总是喜欢亲亲妈妈的脸。每当我亲妈妈的脸时，妈妈的脸上总是会泛起一阵红光，我想那也许就是幸福的光辉吧！

……

"女儿，有什么事呀？"妈妈微笑着望着正在发呆的我。这温柔而又熟悉的呼唤，一下子把我从过去拉了回来。我怎么回想起小时候的事呢？真奇怪。我笑了笑，"没事，妈妈！"正说着，我走到了妈妈的身旁，"妈妈，能让我摸摸你的脸吗？"妈妈笑着说："我的脸有什么好摸的呀，傻孩子！"但妈妈还是微笑着表示同意了。我走到妈妈身边，细细地端详着妈妈的脸。脸上的皱纹似乎多了好多，脸也似乎没之前那么光滑了。我轻轻地摸了摸妈妈的脸，妈妈的脸的确已经粗糙了好多，可有一样不变的是妈妈的脸依然感觉很柔软，我还是最爱妈妈的脸。望着眼前这张并不美丽的脸，我心中似乎明白了什么……

妈妈，时光一天天地流逝，我一天天地长大，而你却在一天天的变老。可是，妈妈，无论今后你的脸上会有多少皱纹，也无论今后你的头上会有多少白发，你在我的心目中永远是最美的！因为，我深知那一道道皱纹哪一条不是因为我而生，那一丝丝银发哪一根不是因我

而白？

那道目光

徐玲玲

春天来了。

她推开窗，清冽的感觉瞬间席卷全身，夹杂着淡淡的青草香味。放眼望去，点点星火和雨让这幅山水画卷有了动感。就在这时，她想起了数年前的事。

那年她七岁，母亲教她骑自行车。母亲小心翼翼地将她扶到车座上，矮小的刚好能够到踩踏板的她坐到车上，显得很滑稽。

母亲在后面推，她在前面装模作样地骑。正骑得起兴，她将头朝后探了探，却发现母亲早已放开了自行车的后座。她吓得从车上跳了下来，人、车应声倒下。惊魂未定的她边质问母亲为何放开，边发誓再也不骑自行车。母亲只是看着她，而她只是气愤地说着，丝毫没有发觉停留在自己身上的那道目光。

后来，她在简的帮助下学会了骑自行车。她到简的家中做客。简笑着推着自行车与她一起外出。像是牵动了什么，她骑上车硬要载简。刚开始的几步路骑得歪歪扭扭。她艰难地把控着车，几次险撞上路边偶尔经过的车辆。可后来却骑得轻松自在，当她回头朝简得意地笑时，却发现简在后头气喘吁吁地跑着。

十米远的距离，空荡的后座，她望着跑向她的简，心里一阵酸

楚。她想起了那道目光。只是那样的目光在母亲决定离开她的那一刻，就永远停留在曾经的记忆里了。

她停下步子打开窗户，雨已经停了，潮湿的窗台证明着它曾经降临过。夜晚显得空灵沉寂。原先三三两两亮着的灯光也暗了。都睡了吗？她深吸了几口气。

她脱下鞋子赤脚站着，感受着丝丝冰凉。许久，她拿起电话望着深蓝屏幕，坚定地拨了一个号码，铃声响起了，在这寂静的夜晚让人有种透不过气的窒息感，不多久她就挂掉了。她就这样赤脚站着，望着低垂的深蓝夜幕，静谧的夜晚什么也没有。可心里却有着思念在泛滥。

她走向床，坐在床上在一片黑暗里抱着膝盖。最终又打开了灯。在这么个只有自己的夜晚里，终于，她提笔写道：

我知道那道目光会一直在远方追随我。我知道那道目光会是我永远的记忆——妈妈，亲爱的妈妈！

暖

张芷若

母爱如水，淡淡的几乎没有味道。总以为自己缺少母爱。可谁知，自己早在不经意间品尝了母爱之水一次又一次……

一天早上，正在被窝里睡着懒觉的我被厨房里的冲牛奶的声音吵醒了。我极不情愿地睁开了惺忪的双眼，懒懒地看了一眼床边的闹

钟。不好，七点十分！糟糕，我快迟到了！我匆匆忙忙地将衣服往身上一套，但是……裤子放在哪了呢？早知道在昨天就把这些东西给放好了，害得我找了裤子又找袜子，可真是烦人。

"宝贝，来，把这杯牛奶喝下去。"厨房里传来了妈妈的声音。我极不情愿地走到厨房，低着头对妈妈说："妈，我快要迟到了，这牛奶……能不能不喝？""不能！"一声不容我抗拒的命令响起，我扭过头去不敢直视母亲，虽然我的胜算很小，但是我还是不甘心地嘀咕着："我就要迟到了，我就要迟到了……"说着说着我的眼泪就不争气地顺着脸颊滑落下来，"哭也没用，今天你必须给我把这杯牛奶给喝下去，不然你就别去上学了。""可是……可是我就要迟到了啊。"我小声抗议着，声音微微有一些哽咽。可是妈妈简直是吃了秤砣——铁了心，她丝毫不理会我，只是依旧严厉地问道："你是喝还是不喝？我还是那句话，不喝你就别去上学了。"说着妈妈将牛奶重重地放在橱柜上，怒视着我。我哭出了声，极不情愿地将那杯牛奶一口一口咽了下去，只是香甜的牛奶却苦涩到令我想吐。

下午，我回到家，心里却依然对早上的事耿耿于怀，对妈妈不理不睬。只是不知道是不是上天特意安排的，我走到房间随手从书柜上取了一本书，书的第一页就赫然写着：早餐是至关重要的，如果早上不吃东西，那么就会体力不支，严重者甚至会导致休克！看了这句话，我的脑海中浮现出了早上妈妈逼我喝牛奶的情景，原以为妈妈蛮横不讲理，甚至认为她很不可理喻，但是没想到妈妈做的一切的一切都是为了我的身体！眼泪如同断了线的珠子一样掉了下来……

我蹑手蹑脚地来到厨房抱住了妈妈："妈妈我爱你……"妈妈回头望着我，先是愣了愣，随即会心地笑着……

是啊，在这个世上有哪个母亲不关心自己的子女呢？当母亲叫你起床的时候，你是不是会有些讨厌？可是当你到学校的时候，发现自己并没有迟到，是否会暗自庆幸？当母亲逼你穿上本不愿多穿的衣服，你是否会有些讨厌母亲？可是当你走到门外，开心的发现自己多穿一件衣服是正确的选择。

母爱如水，淡淡的母爱之水总在悄无声息的滋润着我的心田，有着直达内心深处的暖……

我的快乐住在乡村里

程思齐

我的家在平原，这里没有美丽浩瀚的大海，没有高耸入云的山峰，也没有遮天蔽日的树林，只有那淡淡的乡村气息。

乡村给了我亲近自然的机会。脚下的土地是大自然的肢体，绿油油的草是大自然的毛发，小路旁盛开的花是大自然的点缀，一年四季变换颜色的树叶是大自然的衣裳，风中夹杂着的气息是大自然的味道。

还是很小的时候，我就爱光着脚丫踩在门前的泥地上，没有水泥地的坚硬冰凉，感受到的是柔软与温暖。起风了，路旁的草儿扭起了秧歌，不时地往我脚上蹭来，带来了舒适与乐趣。门前的小河中总有一群鸭子在嬉戏，我便去拾一块光滑的石子，猛地往河中一扔，湖面便荡起一波波涟漪，向四周荡去；湖面的鸭子便划向岸上边，旁边还有个光着脚丫又跳又笑的我。美丽的小山村里藏着我童年的快乐。

稍大了些，我就爱和朋友们到小山坡上去玩耍。站在山坡上，向远处眺望：油菜花开了，绿的叶、黄的花点缀着一望无际的田野，天

空上飘来几抹松散的云，掠过几只离群的大雁。不多时，又有一群伙伴招呼我们到田野上放风筝，一手拿着线轴，一手拿着风筝，一边放线，一边跑着，不一会，风筝就悠悠地飞上了天空。美丽的乡村带给我许多嬉戏的欢愉。

后来长大了，我更喜欢漫步于乡间的小路上，在那一望无际的水田上，阳光给大地披上了金黄的衣裳，无私着播撒着希望的种子。水田里荡起了涟漪，那是插秧的农民移动的步伐。他们背对着天，面对着地，快速移动着步伐。随着他们身影的移动，水田里多了几抹嫩绿，多了几抹微笑。豆大的汗滴拍打着浑浊的水面，它们在水田上开出了花，是农民饱含希冀的花朵。这一切让我感受到了劳动的快乐。

我的家乡没有宏伟美丽的景观，没有古色古香的名胜古迹，也没有城市的繁华，但有我的快乐。

我 的 太 阳

管倩莹

独自一人，寂寞孤寂时，最想要倾诉的，是你；午夜梦回，空洞彷徨时，最想要依靠的，是你。无论晴雨，无论哀乐，心中最为牵挂的，总是你，我的太阳。

在我七岁时，你就出现在我身边。那时的我，懵懂无知，并不如何在意你。你却极有耐心，一日日陪伴在我左右，只待我发现你心意的那一天。一心扑在电视与毛绒娃娃中的我，却颇为不耐，将你视为可有可无，偶尔还会因为家人的过于严厉而小小地仇视你若干小时。但你依然一如既往，不离不弃。

九岁时，将小说视为全部生命的我，迷迷糊糊地懂得了一些比较成人的事，也隐隐约约感觉到了你的心意。我慌乱地想躲开你，但仿佛命中注定，此生必要和你纠缠。

十一岁时，我全心全意摆弄我的文字，长时间地将你冷落在一旁。你难得发了一次火，或许是担忧我的成绩，又抑或是嫉妒文字夺走了原本你在我心中的地位。借老师的命令紧紧督促我，硬是把我忙得只恨爹妈少给我生了两只手，再没有了时间来研究中华文明之———文字——的"精髓"了。在你丝毫不松懈的严看紧管之下，我总算没有负了大家的期盼，区考中拿了一个不错的名次。自此对你有了些特殊的情感，再不觉得你可有可无，反倒是开始偷偷地在意，在意你的存在。

如今我已十三岁，褪去了年幼无知，虽有青涩，但难掩玲珑。不再隐隐约约，而是心知肚明。我们之间的默契极高，无须多话，一个眼神，你便如飞蛾扑火般来到我身边。每一次的交谈，每一次的接触，都会让我心跳不已。但有时你也会闹脾气，吵架打闹，皆是以精疲力竭而收场。但尽管如此，我们依然不会分开。自从我遇见你，已快六个春秋，早已习惯你在我身边，一日不见便是心慌难耐，生怕出了意外。

我的太阳，是你，作业，也可以称呼你为不可数名词：homework。我愿意在你身旁，一同迎接未来给我们安排的狂风暴雨。因为没有你，也就不曾有今天的我。让我紧紧地拥抱你，并说一声：我爱你！

幸福的温度

池明月

16℃，21℃，33℃……我一直在寻找，幸福的温度。

39℃ = 幸福

"妈妈，我的头很难受。"夜里，被噩梦惊醒的我，抽噎着。"宝贝，怎么了，不舒服吗？"妈妈轻轻地用手擦去我额头上豆大的汗珠，扶着我，坐了起来，靠在床背上。妈妈摸了摸我的额头，滚烫！她赶紧冲去客厅，拿来了体温计，为我测量体温。"39℃！看来，不得不去医院了。"妈妈换好了衣服，又帮我披上大衣，急急忙忙地抱我下楼，开着车，向医院驶去。

我坐在车子的后座，抬起头，痴痴地望着窗外。窗外大雨倾盆，道路两旁的树被狂风刮得左摇右摆，天空中还时不时划过一道闪电，怪吓人的。妈妈不知何时打开了车里的暖气，我那原本一直打着哆嗦的身体平静了下来。"还冷吗，宝贝？"妈妈转过头来，关切地问道，"还冷的话就跟妈妈说。""妈妈，我不冷。"我用稚嫩的声音回答道。那一刻，我觉得十分温暖，一股暖流，流进了我的心里。

那一年，我七岁。虽然我发烧了，39℃，但我感觉很幸福。

-1℃ = 幸福

"打雪仗？哦耶！""太棒了！"当陈老师宣布让同学们到校园里打雪仗时，班里立即炸开了锅，纷纷议论开来。最兴奋的要数男生了，他们有的叫着，有的笑着；还有的像小猴子一般上蹿下跳，开心极了。

同学们三五成群地来到西角公园，有些女生一边唱着动听的歌儿，一边高兴的堆着雪人。我和佳佳还有班长费尽了力气，好不容易才堆好了一个迷你版的雪人。班长摘下手套和帽子，给小雪人戴上，我和佳佳则去找了一些小石子和树枝，分别为小雪人做了手臂、眼睛和嘴巴。不一会儿，一个活灵活现的小雪人便展现在我们眼前。

有些男生可坏了，特别爱破坏，女生们刚堆好的雪人，就用雪球将雪人砸倒。女生们为了保护雪人，便和男生们打起了"对抗赛"。霎时间，西角公园成了雪球的海洋：数不清的雪球在空中打着旋儿，又落到了地上。我们也不甘落后，抄起雪球就向男生掷去。"啪！"我的雪球砸到了我的同桌宇宇，谁知他装着很夸张地乱叫，惹得同学们都捧腹大笑。不知是我们班男生客气，让着女生，还是女生的实力本来就很强，到处都能听见雪球落地的"啪啪"声和男生们被砸中的惨叫声。看来，我们一班的都是些"女中豪杰"啊！

那一年，我上小学五年级。虽然那天很冷，有-1℃，但我还是很快乐，很幸福。

40℃ = 幸福

那天，太阳将大地变成了一个炽热的大火炉；树叶被烤得打着卷儿，缩在了一块儿。我与同学在校门口等家长来接。"唉，爸妈怎么

还没来！我都快被烤成'人干'了！"娟子在一旁撅着小嘴，闷闷不乐得抱怨着。"没办法，应该快来了吧！"我皱了皱眉，将手当作扇子，给自己扇着风儿。"月，你帮我拿一下书包，我去去就来！"秋韵将书包扔给了我，自己向小店的方向奔去。

不一会儿，娟子回来了，她两手都各拿着一根冰激凌。她几乎是跳着回来的，两条长长的马尾辫在空中一上一下有节奏地摆动着，头上的发饰像小蝴蝶一般，可爱极了！娟子递给我其中一支巧克力味的冰淇淋，微笑着："月，给！这冰淇淋是我请你的，下次帮我补救一下英语啊！""一定一定！"我笑着，看着娟子那天真的模样，我便一点热意也没有了。接过冰淇淋，拆开包装，轻轻咬一口，让巧克力的味道在口中慢慢融化。口中留下的，不只是那浓浓的巧克力味，还有我和娟子的友谊，那样纯，那样甜。

这一年，我六年级，即将毕业。这友谊的见证，这美好的回忆，虽然那天天气很热，气温高达40℃，但我还是感受到了友谊，感受到了幸福。

39℃，−1℃，40℃……我想，我已经找到了，幸福的温度。

追随你的脚步

徐丹妮

春暖花开，是你带我陶醉于沁人心脾的花香；夏日炎炎，是你让我感受窗外流光溢彩的绿色；秋风习习，是你引领我去欣赏落英的缤纷；白雪皑皑，是你吸引我去领略壮观的景象……

你，在创造着一个个美的奇迹，走近你才能寻找到美之所在。

追随着你的脚步，我悄悄地涉水而下。江畔浅水，芦苇悠悠，茂密成林，微风轻舞，诗情画意，仿若仙境，如梦似幻。它是那样的宁静柔美，花开枝头，含羞而笑，宛若纤纤少女，亭亭玉立。来到芦苇丛边，坐于江边，聆听呢喃的歌声，那是芦苇丛中小鸟的恋曲，再竖耳倾听，丝丝切切，那是小虫们的森林舞会。我真想走入它们的世界，又怕惊了它们的美梦。

追随着你的脚步，我轻轻地踏在柔软的雪上。雪花是那样可爱，晶莹的花瓣在阳光的照耀下，闪着五颜六色的光芒。它们用小小的身体覆盖在大地上，一层又一层。永不疲倦地飞扬、飞扬！树枝上、房屋上、河岸上……到处都是白茫茫的一片。雪白、干净、纯洁。没有一点杂质，更没有一丝污秽。雪是那样温柔，散在任何地方却不带一丝忧伤，落在每个角落却从不彷徨。冬日的阳光会融化它们小小的身体，但它们没有一丝伤感，仍然闪着冰晶；冬日的阳光会瓦解它们小小的身体，但它们仍然义无反顾地洒向人间。

追随着你的脚步，我静静地仰天凝望。满天的星斗，尽着自己的力量，把点点滴滴的光芒融汇在一起。恬静的，安详的，就像一只只明亮的眼睛。可爱的星星们都充满了感情，又像一个个顽皮的孩子，在稚气地，执着地注视着人间，仿佛用那明亮的眼眸讲述一个个美丽动人的神话故事。它们虽然没有太阳那样辉煌，也不如月亮那样清澈，但它们把梦幻般的光撒向人间，把大地变成一个童话般的世界，让人们产生了无边的向往。

你不甘寂寞。于是，鸟语花香，绿树成荫，秋意浓厚，银装素裹。每一场淅淅沥沥的雨，每一次磅礴的旭日东升，每一棵摇曳着的树木，每一场飘飘扬扬的瑞雪，都是你匠心独运的杰作。你用潺潺如溪水般的声音，向我诉说山谷的宁静幽远；用轻柔的落叶声向我讲述

原始森林的古老与神秘；用飞流直下的瀑布之音描述峻山的秀丽与挺拔……

自然的万事万物无时无刻不在诠释着自己的心灵。在诠释自己心灵的同时，何尝又不是在教会我们些什么呢？用心去亲近自然，感受自然，释放自己的心灵并融入自然，让我们倾听她在说些什么吧！

让鸟儿在天空自由飞翔

周嘉慧

我的童年，是与小动物为伴，与报纸杂志为友的。所以在我家有两样东西很显眼：一排排冰冷的铁笼子在墙边有秩序地排列着；一本本杂志占据在书架的最中央。

但有一个鸟笼，挂在了我书架的旁边。那里有一对鹦鹉，它们的羽毛都是渐变的颜色，看起来像一幅生动的油画。一只鹦鹉头上有一撮毛茸茸的毛，看起来，像是位威风凛凛的将军，气宇轩昂，令人心生敬畏；另外一只脖子是黄澄澄的枇果色，好像是一位时尚的大小姐系着一块黄色的纱巾。可是锐利的爪子使得它不再是优雅的小姐，忽然间变成一名男子汉。它们在笼子里上蹿下跳，那时，在我的认知里，它们是在走时装秀，是在练习"兵法"。

每次放学回家，第一件事就是探望我的两只鹦鹉，给它们换水，喂食物，然后拿着一本杂志好似对牛弹琴地读给它们听。一篇篇的文章，夹杂着我们彼此的噪音。它们时常挨在一起，好像是在讨论着什

么。

当我读到一篇文章——冯骥才的《珍珠鸟》时，我深深地被吸引了，文章描述了珍珠鸟在"我"的细心照料、诚心呵护下由害怕人到亲近人的变化过程。文中的小珍珠鸟由喜人、近人、亲人、爱人到与人融为一体，我不仅被冯骥才的文笔触动了，还被小珍珠鸟对人的信赖感动了。

读到这里，我深思了许久，我没有给它们想要的自由，又怎能奢望它们对我的信任呢？我看着它们互相一啄一啄地梳理羽毛，扇扇翅膀，伸伸懒腰，高兴时还一蹦一跳，在笼子里赛跑，一会儿跳到这儿，一会儿又蹦到那儿，可不管怎么跳，始终都跳不出那冰冷的笼子。每当它们抬头望向窗外的天空时，偶尔有几只大雁掠过，它们的眼神中充满了渴望，我于心不忍。

可是我又不舍得将它们放走。我趁机碰了一下它们的小爪子，它们立马闪躲掉了，好像我们之间有一股斥力，生怕我会伤害它。但是我还是感受到了，在"暗无天日"的笼子里，它的爪子有一股想逃脱出去的力量，在挣扎，在抵抗，我在纠结……

应不应该还给他们自由？我对他们的喜爱之情胜过了怜悯之心，在不经意间，我看到杂志上有一行大字，人与自然和谐相处……我到底应该怎么做？

这一夜，我辗转反侧。在月光的照耀下，那两只小鹦鹉立在栏杆上，睡得很香甜。在笼子里，即使吃喝不愁，但它们没有自由，没有快乐，不能飞在天空中，不能真正地高歌……我想了一夜，这几天的点点滴滴，就算是有再多的不舍，我还是想将它们放回大自然！

第二天，晨曦徐徐拉开了帷幕。我走到鸟笼前，一点一点地将铁门打开，出口的距离在逐渐变大，我的心像热火燃烧一样。它们好像察觉到门开了，冲着这个小口就飞了出来。它们先在外面盘旋了一会儿，难道是在和我道谢？此刻我心中充满欢喜，顿时豁然开朗，这种

喜悦是我从未有的。

　　不一会儿，它们就离着这个冰冷的笼子越来越远，越来越远。望着它们比翼高飞，就像春燕剪春一样轻盈、敏捷；听着它们飞行中的鸣叫，比笼子中的"哀鸣"更加清脆透亮，就好像为自由而高唱欢歌。我仰望着它们，看着它们渐渐远去的身影，幻想着有一天它们可以再回来……我想，它们也许已经找到了属于自己的生活，没有束缚，没有绝望，是无拘无束崭新的生活。

蝴蝶·飞动的梦

戚易衡

　　打记事起，那些飞舞在空中的美丽精灵——蝴蝶，就深深吸引着我的注意力。这次，我去看了蝴蝶展，再一次为这些飞动的精灵们惊叹。

　　它曾伏在冰封的地底，灵魂就此沉睡；它曾蜷在丝缠的茧里，经受生命的考验。它所做的，为有一天能够破茧成蝶，尽情绽放生命的光彩，它翅膀的每一次扇动，都在诉说着动人的故事。蝴蝶是勇敢的，是坚强的，更是美丽的。

　　蝴蝶展上，蝴蝶种类繁多，形态各异。有的蝴蝶是闪着亮光的金黄色，在这密集的队伍中央，它们在扑动翅翼时像朵朵金色的小花；有的蝴蝶翅膀上红、黄、紫、黑等颜色均匀分布着，像一条绚丽的彩带；有的蝴蝶是白的，翅上带着些黑色斑点；还有几只带着紫色斑点的大蝴蝶，一会儿翩翩起舞在百花之上，一会儿收起双翅歇落于游人肩头，如果它是主持人的话，这互动可真是棒。瞧，刚说到主持人，这表演者就来了。

蝴蝶小姐们身着彩色长裙姿态轻盈，在台上走着"T"台秀。它们成双成对地轻盈飞舞着，那丝带般长的尾翼，临风飘动，这舞姿，真是优美极了。

蝴蝶，一个飞动的精灵，它就像一个梦，久久地飞扬在脑海里。

星空下的遐想

叶晓琪

056

星空下，一个小女孩儿走在田间的小路上，她看见一只只萤火虫提着小灯笼在黑夜中巡视，就飞快地跑过去捉住它们。可当女孩儿捉住它们后，沉思了一会儿，张开双手，放了它们，然后就蹦蹦跳跳地家跑去了。

啊！眼前一大片碧绿的草地，她奔向草地投入它的怀抱，仰望着星空陷入了遐想，想着想着，竟把这份遐想带入了梦乡。在梦中，女孩儿看到了她的妈妈，妈妈微笑着，张开双手想要抱住女孩儿。原来，这个女孩儿从小就没有妈妈，她的妈妈在生下她后便离开了这个世界，女孩儿从小就失去了母亲，她多么希望可以像别人家的孩子那样在放学时投入妈妈的怀抱。她根本不知道自己的妈妈长什么样子，在她的想象中，妈妈是特别的和蔼可亲，经常耐心地教导着她。妈妈那温柔的话语如同林间的清泉滋润着她干渴的心灵。妈妈长着一头黝

黑的秀发，她多么想用手去摸一摸，一定是特别柔顺吧！两颗黑葡萄般的眼睛总透着盈盈笑意。

她希望拥有母爱，不过也只有在她幻想时才能够见到妈妈。她曾多少次向她的爸爸要妈妈，可是爸爸却只告诉她妈妈去了天堂。相信爸爸说过的话，她盼望着妈妈归来。妈妈在梦境中叫醒她，并告诉她会一生一世地守护她，还教她生活中要快乐，要珍惜生活中的一点一滴……

女孩儿把妈妈的话牢记在心，时时刻刻地想着。当她再次叫妈妈时，只剩下星空和草地。她揉了揉惺忪的眼，望了望星空。她从地上爬起来，带着暖暖的母爱再一次往家跑去。

她继续遐想，希望能再次遇见妈妈。妈妈对于她来说是这个世界的唯一，虽然她不能真正地见到她的妈妈，但是仅仅靠想象编织出来的妈妈，一样能带给她前所未有的爱！

天上的星星继续散发着它迷人的光辉，也继续作路灯，因为它不仅要照亮黑夜，还要照亮孩子们的心。

换　　心

吕　晶

公元2093年，我做教授已经几十个年头了，鉴于我工作经验丰富，院里派我与科学研究所共同研究人造心的项目，也算是在我退休之前为医院出最后一份力吧。翌日，我便带着所需资料来到了科学研究所。所长是位矮胖的男士，但人不可貌相，看周围人对他那么毕恭毕敬的样子，一定有两把刷子。"教授，这位是我们所长——麦博士，人造心研究的总策划人，也是我们所里最具权威的人。"旁边的助手介绍道。

"你好，初次见面，合作愉快！"麦博士伸出手。"见到您很开心，希望我们的合作一切顺利。"我们简单地寒暄几句后，麦博士就向我介绍了工作的进展情况：关于人造心的材质，构造及适应性都有待考证，可当务之急是要有一个愿意当试验品的人，可谁愿意呢？研究所里大部分都是些年轻人，稍微资历老些的也都是人造心研究计划的骨干成员，权衡之下，我主动请缨来做这个试验品。虽然他们再三劝阻，可我心意已决，反正都是一把老骨头了，多活两年少活两年也没什么太大的区别。在我的一再坚持下，麦博士终于同意了我的请求。

为了让手术更加成功，麦博士并没有告诉我这颗人造心的材质。他们给我进行了全身麻醉，再睁眼时已经成功安上了人造心。"手术非常成功，现在就只待观察人造心与人体的适应性了，你可以恢复正常生活，让人造心适应你的身体，如果没有任何异常，那我们的研究计划就算成功了。"麦博士激动地说道。

于是我便重回院里工作，"苏教授，早啊！""苏医生，可真谢谢你救了我老头子一命啊！"看到虚心学习的后辈和脱离危险的患者，我的心顿时涌起一股暖流。

"苏兄啊，这么多年不见，你都当上教授了啊！"不远处传来一个声音。"何老弟，你不也成了医学界的权威？"我说道。"有没有时间喝杯茶，叙叙旧？"他问。"走啊，咱们自从上次研讨会后很久没好好聊聊了。"我应声答道。席间，他向我问了许多，甚至是医院内部的机密，我全都毫无保留地告诉了他，打心底觉得他是个值得信任的人。

不久，医院被收购，收购的人竟是他，"苏兄，我可得好好谢谢

你啊，要不是你告诉我这家医院的内部漏洞，我又怎么能这么轻而易举的收购呢？"一时间，我受到了所有人的唾弃。"咔嚓"，我听到了心碎的声音。恍然间，我好像听见麦博士说："玻璃心不能作为人造心，准备下一个。""原来是颗玻璃心呀！"

这次手术后，我与所有亲人断绝了往来，只住在酒店，我谁都不愿再相信，不想去揣测，人心好复杂。我将自己与外界隔开，不想让任何人干涉我的生活，可时间久了，我感到了前所未有的孤独。生病了没人关心，心情不好没人理会，自己的心事只能闷在心里。我不想做这样的人，于是，我来到了研究所，我想换回那颗玻璃心，即使易碎，却也澄澈。"你终于来了，经过我们夜以继日的研究，终于发现纤维可以替代皮肤组织，把那颗铁心取出来吧，换上纤维心试试。"麦博士说道。

手术成功后，我不仅圆满完成了院里布置的任务，使人造心变为现实，而换心的经历，也让我铭记。

新 鲜 事

胡肖依

"小依，我问你一个问题。"正当我在聚精会神地写作业时，爸爸推门而入，一本正经地问我。

真是新鲜！一向自负的爸爸居然向我请教问题，实在太令我吃惊了！

"说吧！有什么深奥的问题难倒你了？"我放下手中的笔，得意地看着爸爸。

"'晚上好'用英文怎么说？"老爸摸着脑袋，显得很不好意思。

"Good evening！"我回答道。同时感到奇怪，爸爸干吗问这个。

"噢……Good evening！……"他用奇怪的语调和口音一连重复了几遍。唉！看来老爸的温州口音难改喽！我摇了摇头。

他一边说着，一边径直走向书柜，上上下下似乎在寻找什么。我的目光立刻又被吸引过去了。不一会儿，他翻出了一本英汉词典，这才心满意足地走了出去。

我很是纳闷，心里犯嘀咕："嘿，真是新鲜事！莫不是老爸赶时髦，想学英语？"我走出书房，想一探究竟。

"爸爸，你要出国吗？"我试探性地问。

"不是。"他专心致志地盯着词典。

"那你这是……"

老爸一边翻词典，一边得意地说："小孩子别管那么多。你要像我一样热爱学习！"

"嗯？到底是什么情况呢？"在我"坚持不懈"的"逼问"下，爸爸终于"坦白从宽"了："是这样的，连续几个晚上，我都在车库遇到一个邻居老外。老外很热情！一看见我就说'你好！你好！'我就跟他说'哈喽！哈喽！'但总不能每次就说这两句吧！所以我想，下次再看见他，应该换点儿别的词。"

噢，原来是这样啊，真是新鲜事！不过看着老爸一本正经的样子，我顿时新生敬意，心中祈祷老爸下次别忘了这个句子才好。

美在路上

　　道路两旁的树叶已经开始泛黄，斜射的阳光照下来，地上映出斑驳的树影。地面上车身的影子被阳光拉得很长，与另一辆车的影子相连。成片的稻田折射出一道金黄的光来，白鹭飞进来，显得神圣、纯洁。

寻 觅

郭羽慧

在梦里不断地迷失自我，整个世界恰似掉进深渊，只听见急喘的呼吸，挪动脚步，一汪清潭，雨点打乱了它的平静，急切地催促着我加快脚步，泥泞的路上留下一长串深浅不一的脚印，向有光的地方延伸，有人在呼唤，惊恐地将手伸出外，渴望能出现一缕微光。

阳台上，眺望远方，夕阳敛尽了最后的余晖，微弱地从层层浓密的树叶当中穿过。推门而出，轻风拭去脸上的"风尘"。落叶归根的季节，而我又在寻觅什么？是该惊喜还是失望，醉于金风日露，红叶黄花，更使人悲于将至的凋零。

秋永远是这么矛盾，酡了青枫，绽了黄花，醉了红叶，白了芦絮，往往最让人失意。也许她就是这么矛盾地抹去了一个人的记忆，使他忘记了自己走了多远，为什么出发？

天空的颜色渐变暗黑，没有了飞鸟的踪迹，但我却从这里走过，星辰在逗留，犹豫着闪烁。向铺满鹅卵石小路的深处走去，两旁路灯已是风烛残年，他在寻觅，想着不留遗憾，几点星光指引着前进。

风落进了袖口，绿灯已经在跳动，向拥挤的人群走去，随波逐流。

行人游走，时间在高速运转，只能向前长跑。雨"滴答！滴答！"下个不停，远处是望不见尽头的黑，泪水洒了一地，泪与水交织着，分不清什么是泪什么是雨，依旧在寻觅，企望也许它就在远处的某个角落，因贪玩而丢失了自己，或许，现在能将它找回！

一位少年在旅途中丢失了最重要的东西，于是他开始寻觅，寻觅……

美在路上

肖　瑶

放学后，我们排队走在校园的篮球场上，想着马上就可以挣脱一切束缚，肆无忌惮地看电视、玩手机、玩电脑，心情就激动不已。

到校门口了，大门被家长们堵得水泄不通，寸步难移。许多人都在抱怨，我也想抱怨一句，不经意间抬头，看到了家长们脸上的表情——那是一种怎样的表情啊！高兴、激动、焦急、不耐烦，种种表情混合在一起。他们也肯定很想念自己的孩子，因为马上要见到了而高兴，激动；又因为等了许久孩子都没有出来而焦急；不耐烦呢，或许是因为自己的孩子那么晚还没有出来而等得不耐烦了。但是，你们看，家长们顶着炎炎烈日，晒得棕黑的脸上流下豆大的汗珠，不停地用满是皱纹的手去擦拭。他们等得多辛苦，他们多爱他们的孩子，父母的爱是美的！

我看到了，他在那！爸爸背着手站在校门口对面的人行道上，皱着眉头，眼睛在人头攒动的人群中扫视着。我背着书包跑过去，欢快

地打了声招呼，迫不及待地拉着爸爸向停车位走去，迫不及待地想要回家。

一路上，我不停地说着学校发生的趣事，好像要把一个星期没讲的话都说出来，叽叽喳喳说个不停。爸爸一边开车，时不时地回答我的无聊问题。

我从车窗往外看，好多接学生的家长：有开小轿车的，有骑电瓶车的，也有骑摩托车的，还有并肩走在路上的。透过两层玻璃窗，我看见车内的爸爸和儿子脸上都笑眯眯的，相谈甚欢；骑电瓶车上的妈妈和女儿，女儿不知说了句什么，妈妈笑了，欣慰地笑了，回头又对女儿说了什么，女儿也笑了，温馨暖人；骑摩托车的是父亲和女儿，开得飞快，两人都在畅谈大笑；还有并肩走着的妈妈和儿子，儿子先开口了，好像在对妈妈述说自己的"伟大事迹"，妈妈静静地听着，一个人说着，一个人听着，两人突然相视而笑……马路上这一幕幕温馨感人的画面多么触动人心，多么美啊！

道路两旁的树叶已经开始泛黄，斜射的阳光照下来，地上映出斑驳的树影。地面上车身的影子被阳光拉得很长，与另一辆车的影子相连。成片的稻田折射出一道金黄的光束，白鹭飞进来，显得神圣、纯洁。看着两边飞快闪过的风景，我的身心不由地放松，听着爸爸车里播放的经典老歌，闭着眼感受这美好的宁静……

美在路上，美的不仅是风景，更是那一幅幅触动着心灵的画面，让你真正感受到心的跳动。

一片枫叶

余宸璇

翻开笔记本，那片枫叶依旧安然地躺在那儿。每次看到它，脑海中便回忆涌动，那个男孩红彤彤的脸庞仿佛又显现在我眼前。

今年暑假，我在外婆家度过，外婆家在大山里，到处都有清澈的小溪和高大的树木。每天我都和一群大哥哥到处玩。一天，太阳高照，十分炎热，忽然有人提议说："我们一起去抓小鸟吧！"大家都赞同，于是一行人拿着一堆工具，风风火火地上山了。

捕鸟这种小把戏，他们早玩了无数次，都已经非常熟练，不一会儿就抓到了好几只鸟，我想把它们放到笼子里喂养，天天听鸟叫，逗鸟玩，多有意思！正当我想拿起一只小鸟的时候，一个男孩突然站到我面前，说："把小鸟放了。"我感到莫名其妙，问大哥哥们他是谁，大家都露出不屑的表情，和我说："他就是我们这的书呆子，爸妈全都外出打工了，天天就知道死读书，一个朋友也没有。"说完，他们站到男孩面前，指着旁边一棵枫树说："你要是能把树顶上那片枫叶摘下来，我们就把鸟给放了。"我抬头看去，那是一棵高大的枫树，头顶上的大太阳，使我感到一阵眩晕，谁知那个男孩把眼镜一摘，镇定地看着我们，说："好！"

只见他两手抱着树干，双脚使劲往上蹬，动作十分笨拙。但他并没有放弃，抓住树枝，一点一点地往上挪。几十分钟过去了，他终于爬到了树的最顶端，摘了一片最耀眼的红枫叶，然后顺着树干滑了下来。男孩满脸通红，大汗淋漓，站在我面前，不停地喘气，他颤抖着把手中的枫叶递给我，我把小鸟给了他，男孩把小鸟放回了大自然，看到小鸟飞远后，才捡起眼镜，慢慢走下了山。

大哥哥们都在嘲讽他："爬这么点高的树居然用那么长时间，他是乌龟吧！"大家哄堂大笑，可我没有，我的心里对男孩产生了一种由衷的敬佩。

直到现在，我还珍藏着这片枫叶，它代表着男孩的勇气以及他热爱大自然的心。这是我在生命中遇到的美好，是值得我珍藏一辈子的美好。

那个夏天，那个男孩，那片枫叶……

浪迹在三亚

董雨露

三亚，一座充满阳光、活力与快乐的海边城市。道路两旁都是高大的椰子树。抬头向天上望去，只有那湛蓝的天空和几朵漂浮的云朵儿。

当飞机降落在机场时，已临近午夜，但依旧挡不住我内心的期待与激动。期待着与这座城市一次真正的见面。

第二天一大早，太阳用绚丽夺目的光芒普照大地。我们也来到了

分界洲岛上，一眼望去是浩渺的大海。大海的颜色并不和我以前想的一样，她是慢慢渐变的颜色，在最远处是神秘的深蓝色，然后渐渐淡下来，淡下来，最后是令人神清气爽的淡蓝色，其中又夹杂着一些绿色。为了更深一步地接触大海，我们坐上了快艇。当速度越来越快的时候，快艇就兴奋起来了，在海面上跳着欢快的舞蹈。可是那浪花就在我的脸上拍打着，那水就刚好被我吃了一口，那味道真是太咸了。这是大海给我的见面礼吧。

这么有趣又神秘的大海怎么会不令我们向往？于是我们穿上了潜水服，向着更深处的大海进发了。

要下水时，那种等待的滋味是不好受的。因为你要穿着厚重的潜水服，腰上还系紧了加重的铅块，整个人都不舒服。终于等到了下水的时候，我先漂在了水面上，那清凉的海水一波一波地推动着我，她是那么的神奇，让我刚刚抱怨的重量一扫而空。接着我进入了水中，但这一切似乎有些突然，这让我的耳朵有些微微的阵痛。当一切平静下来的时候，我发现这海底真是多姿多彩啊。先是细白的沙子，然后是各色各样的珊瑚以及鱼群，它们就在我的眼前闪过，什么红的，蓝的，黑的，黄的，多彩的都有。更惊奇的是我还抓到了一只迷路的海胆，它的手紧紧地抓住了我，似乎很害怕。

如果说大海是令人感到浪漫惬意的地方，那么雨林则是一个令人释放激情，活力四射的地方。我们来到了呀诺达雨林文化旅游区。这里不论春夏秋冬，总是充满了无限的魅力。这里有世上罕见的森林生态系统，充满了大自然的魅力；又有踏步嬉水，高空滑索的激情魅力；还有黎族打柴舞，海南八音的民族魅力等。漫步在这充满活力的雨林间，心情顿时感到无比的放松。

可是美好的时光总是过得很快，我们又踏上了回家的路。我们不舍地与这美丽的三亚挥别。

再见了，那一排排在晚风吹拂下摇曳的椰树；再见了，那洁白细沙铺成的海滩；再见了，那清透碧蓝，美妙神秘的大海，再见了，令人向往的三亚。

如果你们喜欢海，那就去三亚吧。让我们一起浪迹在三亚。

怀念暴风雨的日子

余丽文

在漫漫长路中，你也许不能预知未来，但你可以把握现在。成长是一道道挫折，在磨炼着你，锻炼着你，给你温暖，给你鼓励。

在一阵急促的放学铃后，全班如沸腾的热水一样哄闹着，我们却如同囚禁的小鸟被"困"在教室里面。

窗外阴云盘绕，阴森森地下着大暴雨，雨中掺杂着风，风卖力地拍打着窗户，并痛苦地呻吟着。雨帘蒙蔽了双眼，让你无所适从。家长们都来到了教室里接孩子们。一分钟、两分钟、三分钟……二十分钟，时间正在一分一秒地流逝着，教室里的人已经走了一大半，天越来越黑，我家还没人来接我，只能靠我自己了。我冲出了校门，那一刻，我发现我错了，脚上的运动鞋已经失去了作用，衣服也全湿透了，我像只落汤鸡一样在雨中奔跑，狼狈不堪。

在回家的路上，我看到路边有家灯亮着，晚饭的香味扑鼻而来，我是多么希望爸爸能来接我呀！一个响亮的雷声打破了我的沉思，催促着我马上赶路。我不敢在路上多停留一刻，像一个战士上战场一样向前冲。一路上，我在想：为什么爸爸不来接我？难道他忘记了吗？

应该不会。我觉得他应该是有事才没能来接我吧！

我湿淋淋地回到了家，打开门的那一刹那，我的怒火直线上升：爸爸在家，并且还躺在沙发上看电视。这可惹火了我，我正要开口，却被他抢先了："怎么，想怪我没去接你，你不是自己也安全地回来了吗！"我正要开口反驳，却又被他抢先了："再说，我能接你一辈子吗？这雨能下一辈子吗？"

我回到了房间，回想爸爸刚才所说的话，我觉得很有道理。人总要学会自己长大，独自克服人生路上的所有困难。

这个暴风雨的日子教会了我如何长大，值得我铭记一生！

愿岁月静好

筱琪

田野里的桃花盛开了，满树的桃花被风打落，在半空中翩翩起舞，活像五线谱上一个个跳动的音符……用手接住一片，轻轻地嗅着，那淡淡的花香，我仿佛又看见了您。

您的背影是如此的熟悉而又陌生，曾经您留给了我许多美好的回忆，您俯身在家门口的菜地里，辛勤地劳动着。您的汗水浸润了一粒又一粒种子，让它们尽情地成长着。随着时间的推移，我渐渐地长大了，可是您却和那棵陪伴我长大的桃树一起渐渐地衰老了，不知不觉，您头发白了，您的眉毛也白了。额头的皱纹深了，您的腰身已不再挺拔，然而您的笑依然慈爱温馨，已深深地烙在了我的心底。

您细心地照料桃树，为它们锄草、施肥、松土，您不让它们被害虫破坏。所以每当春天来临时，我总会一如既往的嗅到满院的桃花香；在初夏，我便可以品尝到您的劳动果实，那是您智慧和汗水的结晶。

您曾许诺过要教我种植桃树，可您却忘记了我们之间的约定。

我满以为您会永远地陪伴着我；在春天，我会挽着您的手一起去看桃花；在初夏，我会摘下桃子请您和我一起品尝。可是不知从何时起，您离我越来越远，我甚至没有和您多说几句话，没有抽出时间来多陪陪您。谁曾想您就这样一声不吭地离开了我，而这一走竟是永远。您一句话也没有留下来，就像凋谢的桃花一样消失得无影无踪了。

多么希望时光再多停一分一秒，这样您就可以带我去看桃花，就可以多陪我一分一秒。如果您不老，就可以和我一起去种桃树，摘桃子，吃桃子。可现在留给我的，只有桃树和对您无尽的思念。

愿生命静好，愿你永不老，让我再为您轻轻地抚去额上的汗水。

来到桃树下，我仿佛看见了您劳动的身影，您俯下身子，浇灌着土地，为这里的每一个角落都松了土，为它们施肥。当我大声叫您时，您却随着桃花的飞舞消失了，别走！请别走！

桃花依旧，您却不在……

怀念在爸爸肩上的日子

鲁伊璇

"走着走着，我就长大了。"是啊，生活的道路上父母不会永远陪伴我走过十字路口，必须自己学会看指示牌。我长大了，可是，心里总有一丝怅然若失，我是多么怀念在爸爸肩上的日子啊！

小时候的我，去哪儿都不带脚，反正有爸爸背着。他的脖子是我的座椅，他宽大结实的肩上不知遗留着多少我在睡梦中懵懵懂懂流下的口水。每一次边上的亲人劝爸爸把我放下走一段时，他都会说："没事儿，我结实着呢！"叵我又怎会捕捉不到他眉间的微微皱起，看到随着脖颈直流而下豆大的汗珠呢！可我，依然贪恋着他那舒适的背，不愿爬下。爸爸的腰不好，我经常看见他用热水袋敷着，我心中有说不出的愧疚。

一个深秋的夜晚，星星挂得很低，道路两旁的梧桐被人们用稻草给它穿上了新衣，可它依旧冷得直打哆嗦。我冷，冷得牙间发出"嘁嘁嘁"的响声。爸爸背起了我，我知道他腰疼就摇了摇头。他对我说："上来吧，暖和些。"妈妈捂着嘴笑着说："你长大后可也要背爸爸哦！"我笑了，对着爸爸说："爸，现在你背我，我长大了背你。"爸笑了，笑得很开心。

直到现在，那爽朗的笑还依稀回荡在我的耳边。而现在，我长大了，也不好意思再叫父亲背着我走。有时靠近他时，看到他脸上、手上的皱纹被岁月留下的痕迹一条一条，很深很深，我止不住要落泪，爸爸他老了！我背不动他，可在心里，我会紧紧地抱住他，对他说："爸，你再等等，等我长高一点，我一定会背你，我一定会的……"

我是多么怀念那段可以偎依在爸爸肩上的时光啊！

生命中的珍藏

李百合

生命是不断前行的过程，会遇到挫折与失败，也会遇到开心与欢乐，其中会有许多值得珍藏的趣事。

那年，我并不会骑自行车。有一天，我在街上看见一些孩子骑着自行车，很潇洒的样子，于是学骑自行车的念头开始在心底萌发。我缠着爸爸要买自行车，爸爸经不起我的软磨硬泡，只好给我买了一辆自行车。

第二天，爸爸帮我把自行车搬到柏油马路上，就在一旁帮助我、鼓励我。

我胆战心惊地坐上自行车，尝试着蹬脚蹬，爸爸一开始在后面推着自行车，我踩着脚蹬，车轮开始运转起来，有爸爸这个坚强的后盾在后面扶着，我感到很安全。忽然，爸爸对我说："我要放手了。"我顿时心慌起来，手紧紧地握住车把手，背上也冒出了虚汗。因为我的高度紧张，车身开始摇晃，只听"嘭"的一声，自行车重重地倒在

了地上，我的腿上也刮破了皮，流了点血。我捂着伤口坐在地上，不想起来。爸爸故意对我说："受这么点伤就放弃，真是没用！"爸爸的话激怒了我，我心想："我一定要证明自己是最棒的，我一定能行！"我再次骑上自行车，小心翼翼地骑着，生怕一不小心又摔下来。爸爸再次放手，我不再心慌，我绝不能犯同样的错误，我慢慢地踏着脚蹬，手稳稳地抓着车把，骑着自行车。不知不觉中，我已骑出了一段路，还没有出现意外，我心中暗暗自喜，也渐渐得意起来。正在我骄傲之际，忽视了前方的一块大石头，便撞了上去，我摔了个鼻青脸肿，伤口也裂开了，我伤心地坐在地上，晶莹的泪珠挂在我的脸上。爸爸走过来，语重心长地对我说："在成长的道路上，失败是必要的，挫折是必要的，你必须要克服它，才能取得成功。'宝剑锋从磨砺出，梅花香自苦寒来'，没有经过风雨，怎会见到彩虹呢？"听了爸爸的话，我感到有了无限的动力。

这次，我稳稳地骑着，一路上克服了好几次困难，终于学会了骑自行车，我为自己感到骄傲，我成功了。

人生正是因为有了伤痛，才会在伤痛的刺激下变得清醒起来；人生正是因为有了苦难，才会在苦难的磨炼下变得坚强起来。

童年趣事

徐王成

我的童年，有许许多多令人感到欢乐、有趣的事。

小时候，在寒冷的大冬天里，最使人感到快乐的事，非堆雪人打雪仗莫属了。记得有一年冬天，我与爸爸跑下楼，想暖暖身子，眼前的景象让我们大吃一惊：大雪覆盖了整个大地，枯枝上、屋檐上都积满了洁白无瑕的雪，整个世界变得银装素裹。大地像是铺上了白色的地毯，踩上去软绵绵的。我一下子玩性大发，欣喜若狂，马上招来小伙伴，急着要和他们堆雪人。我们一起来到一块大草坪上，我迫不及待地，连手套也忘了戴，就捏了一把雪。啊！真冷啊！一股寒意从我的掌心直透心里。

我们又跑回家，拿来了一把铁锹、一把小扫帚、一只破篮子、一个胡萝卜、一张红纸、两粒黑炭。我们用铁锹把雪铲成一小堆一小堆的，然后几个人一起滚了一个大雪球，把它竖起来坐稳，作为雪人的身子。然后滚了一个稍小一点的圆球，安在上面作为雪人的头。手不太好捏，只好装上小扫帚做胳膊了。这样，一个雪人的雏形就做好了。可是这还是个"死"的雪人，为了让它"活"起来，我们又在它的脸上安上黑炭做眼睛，插上长长的胡萝卜做成小丑的鼻子，又用红纸在鼻子下安了张大大的红嘴巴，戴上时髦的帽子，最后插上一枝小树枝。啊！可爱的雪人诞生了！我们围着他又唱又跳。我还跑回家拉来了爸爸，让他帮我们和雪人拍照呢。

小孩子在玩的方面有很多的创意，高兴的时候会玩，不高兴的时候也能玩。记得有一次，我考试考砸了，待在家里觉得无聊，更怕爸爸骂我，那天下午，我约了朋友到河边散步。我们一边散步一边聊天，聊了好长一段时间也不能排解我郁闷的心情。看到脚边的小碎石，我下意识地抬起脚把它踢了出去，巧的是河面上传来"啪啪"的声音，嘿，这挺好玩的。我索性停下来，捡了一块小石子顺手扔了出去，至听见"啪！啪！啪！"三声，石头像水族里的海豚在水面上蹿上蹿下打了三个滚，"嗖！"的一下钻进水里不见了。朋友见我这样，也开始玩起来，一开始，他们扔的石头都只是"扑通"一声钻进

水里不见了。后来我让他们改换一下扔石头的姿势：把腰压低一些，让石头沿着河面走。不多久，他们就学会了。接着我们约定比一比，看谁的石头漂得远，我们越玩越起劲。玩着玩着，我们竟然忘记了时间，要不是朋友的妈妈来找，我们还不知道要玩到什么时候呢。

童年的时光是短暂的，童年的记忆是永久难忘的。每当想起童年的往事，我都会欣喜若狂。让我们记住自己七彩斑斓幸福美好的童年时光吧！

成长中的童年趣事

蒋周铭

在每个人的一生成长中，肯定会经历酸、甜、苦、辣。童年这个美好而纯真的字眼，似乎要渐渐离我们远去，可是回忆起来却又触手可及。

老家在乡下。

一排排碧柳坐卧在小溪两岸，水面静悄悄的，阳光下的午后，一切仿佛都是那么使人厌倦，连平日里生性好动的鱼儿也匿藏得无隐无踪了。可偏偏这时，我和堂妹就像两只小白兔似的，一蹦一跳地朝这儿奔来，手中提着小鱼网，一只小水桶。我们来抓鱼了。

水面静悄悄的。我和堂妹争先恐后得把裤腿卷起互相谈笑着跑进水里，水面上立刻涌起一阵阵黄沙子。水面上，一波年轮似的皱皱的涟漪荡漾开来。两人提着小鱼网，一旦看见水里有什么动静，就猛地朝那一网。哈哈，有一次我还把妹妹脚都给网住了，气得妹妹坐在溪边的小石头上，不肯下来。我呢，见她生闷气，我也不理她，而是一声不吭地用小渔网兜起小虾儿小鱼儿。没想到无意间我竟然抓到了一只大虾。我故意大喊大叫，想炫耀一下我的功绩，让妹妹下来和我一起来玩，可不是嘛，一个人多无聊呀！妹妹听见我喊叫，只是侧着头偏转了一下，眼睛时不时往我这边看。哈，引起妹妹的注意了。我见情况好转，妹妹也想下水来了，便趁机大方地对她说："你下来吧，你要下来的话，我这只虾就送给你。"眼见妹妹没什么反应，我就更加故弄玄虚地说："这可是一只好虾呢，快下来吧，嗯……我把家里的彩色珠子也给你！"妹妹刚开始就经不住诱惑，听到我这样的承诺，决心便动摇了，对我说："那你以后不准再偷我的饼干了！"哦！我恍然大悟，原来妹妹不下来和我玩还有这个原因呀，我还以为只是把她脚网住而已，怪不得呢！我高兴地说："当然不再偷吃啦，好妹妹你就快下来吧。"

妹妹站起来了，可是走在水泥板上时，一不小心绊到了我横放在那里的渔网，竟"啦，啦，哗"的两声，掉下水了！

我惊呆了，连忙把浑身湿透的妹妹从水中扶起，可没想到妹妹竟然捧上来一捧水，对着我大叫："姐姐，看我的水弹！"

"啊！"

童年就像天上的星星，再也无法触及了，但是童年的这些事永远留在记忆深处，时刻提醒我永葆童心。

记忆中的小河

董 层

姑姑嫁到隔壁村，她家附近有一条河，那条河时而温驯得像只绵羊，时而汹涌得像头雄狮，这条河真是让我又爱又恨哪！

三四年前的一天，我在姑姑家玩。要吃晚饭了，读六年级的表姐还没有回来，姑姑让我去学校找她，我沿着大路跑到学校，没有找到她，就沿着河边的小路回来。我正慢悠悠地往回走的时候，"小层！"有人大声叫我，我连忙抬起头，朝那声音望去，咦，是妈妈，我向妈妈跑了过去，没想到妈妈一把拉住我，沉着脸就往家走，外婆也紧随其后，回到家，妈妈什么也没问，随手抓起一根树枝就要打下来，还是外婆奋力夺下树枝，我才免遭一顿毒打，虽然妈妈没有打我，可也把我大骂了一顿："叫你去河边，去干吗？……淹死算了……还少了个人吃饭呢……以后你再去试试看，你就不要再回来了！"当时我觉得妈妈真是太杞人忧天了。不过有了妈妈的警告，我再也不能到河边玩了。直到后来有一个小孩儿掉进了河里，经过抢救没救过来，我才懂得，妈妈担心我在河边出事是有道理的。

我既恨这条河，又爱这条河。

夏天，我在这条河中游泳，和好朋友一起享受这"天然空调"，水上方，蜻蜓在无忧无虑地戏飞，顽皮的孩子，用水泼蜻蜓，在它们的翅膀上留下一滴滴迎着阳光闪耀的水珠。还有些勇敢的男孩从桥上跳下河去，潜入水中，或让岸上的伙伴寻找踪迹，或突然抓住水中伙伴的双脚，或猛地跳出水面吓唬面前的伙伴。还有些女孩在水中做着各种优美动作，幻想着有朝一日能成为一名舞蹈家。而我，这些也都有做过，乐在其中。晚饭后，又和伙伴们静静靠在桥边，看着妈妈洗着孩子刚换下来的衣裳，听妈妈们互相说着自家孩子的好与不好，感受他们对自己孩子浓浓的爱。河边上的风拂过了脸庞，好似妈妈们责骂中包含的爱，一阵阵吹进我的心窝。

童　年

钱心怡

每个人都有几幅童年的图画，都有几件童年的趣事。

我童年的小院子里，每当春天，花香四溢。有幽雅的玫瑰，小巧的美女樱，玲珑的情人草，碧绿的吊兰和芦荟……真是植物的王国啊！朵朵野花散落在草丛里，成群的蜜蜂来回奔波，蝴蝶在花朵间嬉戏，累了，停在一朵花瓣上，享受早晨和煦的日光。光线透过树叶斑驳地洒在石凳上，风一吹，它抖动着，无比耀眼。

儿时，这里就是我的天堂。偶尔跑上前去摘一朵月季，去刺，戴在头上，闭上眼睛，昂起头，张开双臂，拥抱阳光，深深吸一口新鲜的空气，慢慢吐出，新的一天又是那么美好。

也许是我太好奇了吧，遇到什么新鲜事总要去凑个热闹。曾看

到外婆在田里，挥动着与人一般高的锄头挖地，"嘿哟嘿哟"地喊着，播下希望的种子，我也就拿着锄头到菜园来挖。锄头很重，挥了几下，感到没力气了，但是我的好奇心异常强烈，兴致很高，也就顾不上脏和累了，看到院子里小菜地上"野草"被我锄完了，心里很美滋滋的。外婆闻讯赶来，我炫耀似的看着外婆："外婆，你看，我把这些都给你锄干净了。"外婆见了吃惊地嚷道："哎呀，你这个小傻瓜，怎么把我的菜给除掉了？"紧接着又是一阵叹息声。我见情势不妙，强做了个笑脸，马上落荒而逃了。

一天，小舅舅来我家做客。小表妹也一起来，家里顿时增添了喜悦气氛。午饭过后，我们在房间里休息，小舅舅坐在地板上，头靠在床沿上睡着了，小表妹也在床上安然入睡了。就我时时保持着高度兴奋的心情，在房间里走来走去，想制造点儿活跃的气氛，我正玩弄着一根橡皮筋，突然灵机一动，骨碌一下从床上滚下来，蹑手蹑脚地走到小舅舅面前，抿嘴窃笑，走近了，悄悄拨起他的几根头发，轻轻地用橡皮筋扎起来，活似个女娃娃，我又赶忙拿来相机，"咔嚓咔嚓"几声，这样子就被存入相机了。这时候，我都要笑出来了，还好用手捂住了嘴，才没笑出声来，到了三四点钟左右，小舅舅醒了，表妹也醒了，当他走进客厅时，大家都笑了，我是笑着捂着肚子奔向卫生间的。

我的童年里几乎天天都有新鲜事，而我就是事里的主角，岁月如梭，过完最后一个儿童节，就意味着我们即将步入青春期，要脱离对父母的依赖，学会自立和承担，可是我们一只脚跨入青春的门栏，另一只脚却还在童年的摇篮里不肯出来，就像长了足又拖着尾巴的蝌蚪。

拥抱春天

毛睿晴

寒冬前脚刚走，春天就已伸头探脑，悄悄遍布原野。一束阳光从窗帘缝隙中敨斜挤进来。万物在这只有春天才有的温暖中舒展腰身。忽然间，阳光和大地捉起了迷藏，空气中斜斜地飘起了雨丝。

雨丝，细细的，密密的，不仔细瞧还真瞧不见。不一会儿，雨越下越大，细密的雨丝变成了中雨——我忍不住撑起伞，走进这滋润的世界。

雨点像个调皮的娃娃，欢快地在伞上打着鼓点，奏起《春雨进行曲》，玩累了，又顺着伞的斜坡玩起了滑滑梯，一滴儿滑到地上去，在地上溅起一朵漂亮的水花，又马上融入水流里，让你寻不见踪影了。嫩柳芽惬意地享受着免费的甘霖，嫩黄嫩黄的，还未展开，像是一粒粒精致的花骨朵，明天就要舒展开鲜嫩的叶儿了吧，这精致的微蕾中已经涌动着盎然生机。

玉兰花苞早已趁着雨前充沛的阳光开放了，在春雨温柔的抚摸中，它的花瓣已经开始孕育柔韧光艳的美质。阳光忽然重回大地，周围一下子明朗起来，"哇！好鲜艳的红玉兰、黄玉兰、白玉兰！"人们赞不绝口。

一只灰鹊在枝头高叫了几声，立即引来一群鸟儿的回应。风吹

过，枝丫间立即传来一阵细碎的鸟语。阳光透过树枝，碎了一地，斑驳陆离。一切都活跃起来了，湿润的天空中跃出一道彩虹，明丽的大地上跃动着无数儿童的白皙笑脸。

我用心拥抱春天——春天的一切。

我爱夏天

杜至诚

我爱繁花似锦的春天，我爱硕果累累的秋天，我爱玉树琼枝的冬天，但我更爱绿树成荫、郁郁葱葱的夏天。

夏天草木茂盛，到处都是绿树青草，蓬勃葱郁，放眼望去，是一片绿色的海洋。宽阔的树叶都绿油油的，在夏风中摇起一把把绿色的扇子，为树下乘凉的人们带来习习凉风。

小草以千姿百态的身影，千差万别的颜色，装点着高山平川，消降着烈日带来的暑气。草地上，可以打滚嬉戏；树荫下，可以坐下歇凉，天南海北地聊天。

夏季的天气就像孙猴子的脸说变就变，刚刚还是晴空万里，顷刻间就大雨倾盆了。这时正值暑假，我们在外面玩得欢，来不及躲雨，也不怕雨淋，索性冲到雨中淋个痛快！更让我高兴的是，夏天里可以吃我最爱吃的冰激凌，玩我最爱玩的戏水游戏。

夏天，虽然没有春天的繁花似锦，没有秋天的硕果累累，也没有冬天的玉树琼枝，但他有蓬勃的美，火热的美，我爱夏天！

秋

温 琪

我没有春那么艳丽，没有夏那么火热，没有冬那么冰冷，我是一个成熟的季节。在我的季节里，到处都是成熟的颜色和丰收的声音。

我在不同的地方会有不同的颜色。在稻田里，我一片金黄，黄得农民心里直痒痒，他们开着收割机，嘴里还哼着小曲儿，整个田野响起了壮阔的交响曲。在橘山上，一个个圆圆的橘子在我的洗礼下变得橙黄灼人，让采橘的姑娘们看了乐得笑靥如花，歌声悠扬。在枫树林中，那本是一片片绿蝶般烂漫山闪动的叶子，在我的季节里慢慢变红，最后变成红艳艳的一座枫林，让许多人流连忘返，赞不绝口。在柿子地里，我化身成一位画家，给小小的柿子上颜色，把他们涂成蜡黄蜡黄的，宛如一盏盏小灯笼挂在高高的枝头，引来一拨拨孩子仰着头对它叽叽喳喳。

朋友，你爱我的春姐姐，她只能给你一次艳丽的观赏；你爱我的夏哥哥，他只能给你一次火热的相吻，你爱我的冬弟弟，他会给你一个冷冰冰的眼神，爱我吧，聪明的人！我会给你果实，给你金色的生活。

雪

洪　瑾

天冷了。

天空灰蒙蒙的，鸟儿不再站在枝头叽叽喳喳地叫，枯草垂着头，树也不再摇一摇，放眼望去，到处都暂停活动，一片寂静。

仿佛一切都在等待着什么。是在等待一位精灵？

来啦！来啦！终于来啦！这位精灵带着万千朵柔絮，舞着妖娆的身姿，踏着轻盈的脚步，来到这片死寂的大地上。她带着一把神奇的小钥匙。在几朵白絮的前奏之后降临到了人间。这是一场雪，并非突如其来，也不是惊心动魄，但却使世界变成了一个银白色的梦幻仙境。

一片片雪花好轻好轻，它们轻轻地，徐徐地从空中落下，生怕惊动了那沉睡的大地母亲。而大地母亲似乎也为这可爱的精灵而欢愉，而欣然，而接受……只见翩翩雪花在田野上跳跃，在马路上欢唱，在屋顶上装饰。一夜过后，推开窗户，外面的世界如梦如幻。枝头缀满一朵朵白花，也真有一番"忽如一夜春风来，千树万树梨花开"的风韵；白菜被裹在厚厚的白色棉被中，看样子暖和极了；松树上沾着小冰晶，仿佛那是爱美的松鼠给它的小窝装饰上去的挂件，煞是好看；屋顶上，小山上，都覆盖着白雪，好似一块块大面包……

忽然从远处传来一阵欢呼声，一群可爱活泼的孩子笑着喊着跳着，来田野里耍雪团堆雪人。真是人多力量大，不一会儿，就堆好了许多雪人儿。它们排着整齐的队伍，仿佛正准备听从这群小鬼的命令呢！这时，不知从哪儿传来一阵叫喊声——看，原来是在打雪仗，一个个雪球就像弹力球，这边闪出一个，那边也飞回去一个，在空中勾勒出一道道完美的弧线，到处充满欢声笑语……

天仿佛又不冷了。

心中的老班

黄文超

他就像一颗毫无征兆的流星，闯进我们的生活，并带给我们无限光明。

——题记

军训期间，他顶着一头蓬乱如鸡窝的头发，脚踏一双廉价的塑料拖鞋，穿着一身洗得发白的蓝色运动服。我不由地嘀咕："这人真是我们的老师吗？他哪有老师文雅的样子！真让人不爽！"而后的事件更加加深了我对他的厌恶程度。

他是个"昏庸"的人，军训快结束时班内评"军训达人"。他未征求同学们的意见就一意孤行地选择了他认为合格的人，他甚至都不知道那几个人的品质是有多么的"好"，他们在大家站军姿时趁教官不在就开始叽叽喳喳地讲他们暑假的经历，一旦发觉有老师或有教官在边上，一个个站如松，嘴巴抿得死死的，一副乖乖的模样！真是够了！但他却不时扯着嗓子喊向标兵学习，真是无比昏庸！

他还是一个十分古板的人，他从来不提倡大家过洋节日，也从不准大家穿衣服穿得标新立异，还美其名曰朴素是一种美好的品质，他总认为他不喜欢的东西我们也不喜欢。

他喜欢早起，也要求我们早起，他说"早起的鸟儿有虫吃"，并且每天早早到校陪我们早自习，我们表现不认真时他会批评我们，所以，调皮的同学把他的那句"名言"一改："早起的虫子被鸟吃"，很显然，古板老师就是"早起的鸟"了。可是，那一天，他并未在我们早自习前赶到，班里的同学就真的像各种鸣虫，叽叽喳喳地吵了起来。各种吵闹声交织着微弱的读书声便引来了校长，班主任即刻被叫到了学校。根据以往的经验，我们意识到一场危机即将来临，但出人意料的是，他并没有板着脸走进班级，而是面带着微笑。我们丈二和尚摸不着头脑，不知他葫芦里装的什么药，一个个面面相觑，心里七上八下的。这时候，他开口了："很久没和大伙儿聊天了，今天就和大家聊一聊，首先感谢大家一直以来对我的工作的支持，这里，老师想和你们讲一讲我平时的一些情况。我呢，有好多身份：在父母面前我是他们的儿子；在妻子面前我是她的丈夫；在孩子面前我是他的父亲；在你们的面前我是你们的班主任老师，平时在大家面前展现的是我作为班主任的一面，但也有很多的时候我需要扮演除了班主任以外的角色，而且这些角色也会花去我许多的时间和精力。就比如今天，我并没有像往常一样来看你们早自习，而是'自私'地选择了父亲这个角色，因为我发现平时对孩子的关心实在是太少太少了……"说着说着，班主任的声音突然有些哽咽。这时我想起了我自己的父亲，一个面朝黄土背朝天的普通农民。因为家里经济状况并不理想，他时常会沦为他人茶余饭后的笑柄，但父亲总是默默地承受着，并将他的梦

想碾碎一点一点地喂进我们兄弟二人嘴里，他盼望着他的儿子带着他的梦想翱翔天空。班主任和父亲是同一类人，都有着一颗爱着自己孩子的心。这时候，我感到了班主任身上的压力之大，他肩负着的不仅是我们这五十个人的未来，更有着他的父母、妻子、孩子对他的期盼。他也是一个普通人，以前我对他是不是太过分了？那些军训达人的动作确实标准，足以给人作示范，他反对过洋节日，但在中秋节国庆节他又很积极地叫我们准备节目庆祝，他的早起，是为了督促我们认真学习……想到这儿，从前对他的看法在这一刻烟消云散。

他就是我的班主任，一个陪伴在我们身边的怪老师，更是一个好老师，我想我爱他！

厚唇一动百笑生

江成刚

时光的纸鸢已三度放飞，笨拙的脑袋已因深奥的知识而三度更新，升级，改版，无用的内存已删除许多，但心中永远存在着令我记忆犹新的回忆，老吴，三年级的班主任，厚唇一动，群雄爆笑……

老吴全名吴江明，身高一米七多，老吴身上的亮点全在那一双似腊肠的厚嘴唇，真乃"神人"也，恐怕孙悟空的雷公嘴再世，也只得俯首称臣了！

他教的语文课，生动有趣，常常通过有代表性的例子，让我们理解重点，他对课文内容有独到的见解，上课有独特的风格，他的严厉

是典型的，他虽然严厉，但似乎只针对男生，各方面都有体现，例如上课举手回答问题，男生一个个在他的雄威下低下了头，再看女生，斗志昂扬、胸有成竹，用老吴的话来说，他看到的就是清一色的"娘子军"。

风趣是他的第二个风格，不管是上课还是课后，似乎连长相也……上着生动的语文课，听着让人忍俊不禁的笑话，真乃人生一大乐趣。他给我们上名家的著作，那次正学到朱自清的作品，讲作家的作品风格呀，作家的文学成就呀……无聊的东西一大堆。正当我们昏昏欲睡时，只见他厚嘴唇一动，大声一嗯，语调一转，用幽默的话说道："只不过他老人家已经陪马克思下棋去了。"班中正值寂静，同学们脑袋一片空白，而此语一出，顿时哄堂大笑。

完美利用笑点绝对是他的特色。记得有一次我们正在安静地上着课，只听见他的手机响起了一阵突兀的搞笑铃声，顿时我们一个个肚子都笑得痛了，他朝我们压压手，恨铁不成钢地说："看你们一个个这样难成大器，一点儿都不淡定，就这点小意思你们就翻了？还有更给力的呢！"他快速地轻点手机，顿时响起了一个邪邪的声音："启奏皇上，门外有人求见……"教室里先是一片寂静，接着就一个个捂着肚子，仰天长笑，就连女生平常不露的大虎牙也一个个暴露出来，不过似乎也没有人有精力去关注女生的不雅了，一个个正在与笑意做斗争。

他的虎威，与他的幽默不相上下，在他的带领下，男生正被女生压迫着，正因为我与他的女课代表有纷争，他就不断地在语文课上给我出难题，令我笑料百出，不过在他的"报复"下，也造就了我扎实的语文基础，由于他的威严，班中的一位刺头被他治得悲催，竟写信给领导。后来，我们上了四年级，语文老师留在了三年级，为此，我开始还心中窃喜，可是后来竟也产生了一丝留恋，也不知他现在怎么样了。

心中的他的故事被打断了，但对老师的怀念却令我难以自拔，现在的我已经明白老师的良苦用心了，他的厚唇，他的笑料，他的严厉，让我久久不能忘怀，我为当初的窃喜感到愧疚，一年了，该回去看看老师，填补我记忆的空白了……

"玩"老师

袁银烽

学期中，语文老师说他要出去培训两个月，这两个月的语文课请人来代教。我的内心立刻燃起了莫名的希望——来代教的肯定是一个刚从学校出来的嫩小子吧？嘿嘿，有我当老大、他当老二的时候了……

可是临到见面的时候令我大失所望，来代教的是一个身穿深蓝西装的老头，三个衣扣严严实实地扣着。他走进教室，一种威严的气势逼上我的心头，完了，这两个月的日子叫我怎么过呀？看第一堂课就吓坏我了，他说这节课给我们开一堂讲座："学习的策略"。他一边飞快地讲，一边在黑板上龙飞凤舞地写字，那字若叫我抄，怎么抄得下来呀！我心里暗暗叫苦："这两个月，我的语文成绩可完蛋了！"

但是第二天上语文，他在黑板上写的字却是端端正正的楷书，又整齐又漂亮，令我大开眼界，心生敬佩。他开始充满激情地讲课，和我们平等交流。一天天过去，一堂堂课展开，他在我们心中的印象不断改变，从开始看去的古板老头，变为四十岁、三十岁、二十岁，最后变成一个充满童真、毫无架子、非常会玩的顽童!

他上起课来有一股忘我的热情，有许多举手投足的动作。他非常投入地和我们一起探讨问题，说话的语气好像他是我们学生中的一员似的。尤其是朗诵课文，他的声音随着文章的思想感情，时而高昂激越，时而轻柔低回，仿佛他已置身书中，与书中意境合为一体。他能透彻地呈现诗歌的深意，带我们深入诗歌的意境，一起去领略文天祥的碧血丹心，苏轼的旷达胸怀，刘禹锡的积极心态，于是历史仿佛被我们亲身体验，古人的风花雪月，革命者的不屈不挠，好像都被我们亲尝了一遍。他带我们朗诵朱自清的《匆匆》，好几处情不自禁地挥动起手来，那样子真像一个极度兴奋的孩子。

他上课好像就是带我们玩，而他不过是一个领头的大孩子，有一次上作文课，他先带我们做游戏："蒙眼上黑板，盲笔画笑脸"，以一个同学蒙上眼睛，从教室后跌跌撞撞上黑板画笑脸的过程，让我们观察，然后叫我们依据观察所得写作文，我们嘻嘻哈哈地笑了一顿，作文也轻松地完成了。又有一次，他带我们看中央台达人秀节目，我们大家被乌达木唱《梦中的额吉》的情景和老师的讲解感动得不是涕泪交流，就是热泪盈眶，他真是把我们的感情玩到了不能自持的地步，然后叫我们写作文，连很不会写作文的人也写了六百多字，写得情意浓浓，被老师评为"优"，我是"优"还加两颗星。两个月中我们写了很多作文，我们感到很好写，很好玩，越写越有兴趣。他还叫我们写自己想写的东西，字数不限，篇数不限，而且想给老师看就给不想就不给，他说这是"自欲作文"，人生不能没有这种作文，而老师规定写的和考试时所写的都是"应制作文"，是"被迫"写的东西。他在黑板上写了"玩文学"三个字，让我们都笑死，文学怎么可以玩呢? 他说你们要像陶渊明、莫言那样喜欢玩文学，遇到好笑的事，想哭的事，都拿起笔来写一写，任何东西，玩多了就玩通了，玩转了，转呼啦圈、打牌、开汽车是这样，写作文也是这样，多去玩就

写得好了，真的哩，两个月中，大大小小的作文我们玩了十几篇，手玩得越来越麻利了。

　　他还教我们写字，他叫我们把手中的笔想象为一把刻刀，把在纸上写字想象为是用刻刀在竹片上刻字，用这样的方法来把笔画写得苍劲有力，刻字多好玩呀，我又爱上了练字，通过玩练字，我体会到了练字可以陶冶情操，偶尔浮躁的心会随着练字而变得平静。

　　他是一个像《射雕英雄传》里周伯通的老师，没有架子，对优生差生都友好，读书忘情时会像小孩子似的手舞足蹈。两个月的相处使我把他当作永远的老师，我叫他一声老顽童他会生气吗？要不，我就客气一点，叫他伯通老师？但无论如何，他在我的心中都是一个玩老师，一个带我们玩得快乐的老师。

090

一路风景一路歌

晶　儿

有你的地方就有风景，有你的时候就有歌。

——题记

　　帅气的涛哥，虽是我们的老师，但我们就认定温暖可亲的你就是朋友。

　　初次见面，你捧着本语文书从教室门口走进来，鼻梁上顶着一副黑框眼镜，令我们惊喜万分，你是一位帅气的语文老师，这就是我

们对你的第一印象。第一节课你并没有马上开始上新课，而是让我们作自我介绍。在我们的起哄下，你也开始介绍自己，原来你大学刚毕业，你说你"最不擅长语文"所以来教语文，我们不禁唏嘘，该如何把我们的学习托付给你呀！在你迷死人不偿命的外貌下，一些女生纷纷以你为偶像，私底下总会来找你唠嗑，请教问题，你也总是乐呵呵地解答。

班主任出差的那几天，身为副班的你全权成了我们的代理班主任。可那几天，我们完全沉浸在自由自在，无拘无束的快活日子里，自修课的纪律变得非常差，你第一次对我们发火了，我们都被你突如其来的威慑力震撼到了，吓得鸦雀无声，有女同学还哭了。我们开始觉得你是一个严厉的老师，然喜爱之情依旧满满。

紧张的期中考过后，当布满红叉叉的语文卷子交到我手中，我失落极了。在考试之前，我曾信誓旦旦向你保证一定会考好，没想到会考成这样！成绩出来后，我一个人躲在角落里哭了一场，那之后，你让我们有想提升语文成绩的私下找你讨论，可凄惨的语文成绩却让我不敢再去办公室见你，你是不是很失望？身边围绕着一群求知分子却没有我的身影。直到现在，我还在后悔当初的不坚持。

阅读课上，我并没有认真的看书，却在偷偷摸摸的用彩铅画画，被你发现了，你收了我的彩铅，把我叫了出去狠狠批了一顿。我低着头，不敢看你的眼睛，只能默默地点头。你让我中午到你那儿把彩铅拿回来，但也许是怕挨批评，在事后的一个多月，我才拿回来。你出乎意料的并没有骂我，只是平淡地说了一句："我还以为你忘记了呢！"

那一次，你给我们上作文指导课，而我却自觉作文不错，就自顾自地写作业，后来被人举报，你知道了，停下课来定定地看着我，全班所有人都用异样的眼光来看我，我羞愧地低下了头，有几个男同学像长舌妇似的在你面前挑逗，或许碍于我是女生，你喝住了他们，却说了些意味深长的话。下课了，我哭丧着脸走出教室，负气地讲了一些牢骚话，我知道你听到了，但你并没有因此而找我的麻烦。从那以后，我再也没有在语文课上开过小差。

这学期你被调去任教六班了，为什么？班主任说，是我们逼走了你，是你主动申请调离九班的，是吗？涛哥，你就这么狠心抛下了我们吗？你知道我们有多么不舍吗？

春风不言，却桃李芬芳；桃李不言，下自成蹊。虽然你只教了我们一年，但与你相处的时候处处是风景，时时有歌声。

我的"糖果"老师

闫　莹

092

陈老师，我们的班主任。一头齐耳的短发，一对弯弯的眉毛，一张能说会道的小嘴。如果让我形容她，我最想把陈老师比作糖果，各种味道的糖果。

牛　奶　糖

开学第一天，我们对陈老师的印象非常好。这个老师十分温柔，并不像传说中的那么厉害，让人不寒而栗。陈老师说话的声音十分柔和甜美，总让我想到甜甜的、美味的牛奶糖，我时常沉醉其中。

水 果 糖

开学也有一段时间了，陈老师在我的心目中又有了很大的改变。这两天总有几个同学不爱写作业，作业不能按时交。每当看到这种现象，陈老师就突然变了"味儿"——当然会毫不客气地给他们捏几下耳垂，偶尔也会给他们吃几个"小肉丁"，据说可疼啦！唉，虽然有十二分的同情，但我也爱莫能助，谁让他们不做作业呢？这也算是他们咎由自取，自作自受吧。不过，陈老师这样做也是有原则的——她说："事不过三，可以给你三次改正的机会！"

哈哈，现在的陈老师就像一颗水果糖，有甜，当然也有酸啦。

薄 荷 糖

记得第一次摸底测试，我们班的语、数、外三科成绩都很靠后。陈老师没有失望，也没有粗暴地批评我们，而是和我们一起分析失败的原因。放学后，她还分批留下一些同学，鼓励大家认真学习，迎头赶上。班会课上，她和我们共同制定了班训"我努力，我进步，我相信！"她的每一句话都像一滴甘露，滋润着我们幼小的心灵。

啊，这时候的陈老师就像一块清清凉凉的薄荷糖，让我们时刻保持清醒。

可 乐 糖

陈老师在我们做错事的时候也毫不客气。她会把犯错的同学叫到一个无人的角落严肃教育。奇怪的是，我们从来没听到她大声责备，也没有听到她粗暴训斥，但每一个犯了错的同学都能认识错误并及时改正。

开学第三周，一个在小学就经常调皮捣蛋的男生犯了一个比较严重的错误，陈老师并没有立即处理。她不动声色，悄悄把那个男生一周的行为记载得清清楚楚，只问了三个问题，他就乖乖地承认了错误，并且立即改正。陈老师呢，以后也没有再批评过他，反而经常表扬他有进步。我觉得，这时的老师就像一块爽口刺激的可乐糖。

这就是我的"糖果"陈老师。无论她是什么糖，都值得我们回味。

我把压岁钱存进了"绿色银行"

代雪梅

俗话说："大人盼种田，小孩儿盼过年。"这句话说得一点儿也没错。过春节除了可以尽情地玩，让我最开心的就要数长辈们会发"压岁钱"这件事了。

今年春节，我收到了一千零五十元的压岁钱。以前的压岁钱我都买吃的玩的或者上交给了父母，今年，我就想，如何将这笔钱用得有意义呢？我一直在思考这个问题。

直到有一天，我从电视里看到我国大部分地区经常遭受沙尘暴的危害，现在虽然道路宽了，房屋越来越漂亮了，但天空没有以前那么蓝了，空气中总是灰尘弥漫，垃圾堆成了山。人们只顾眼前利益忙着

挣钱，又有谁想着植树造林、美化环境呢？我们家地处南水北调水源区丹江口水库，是一库清水流向北京的调水源头，如果我能用我的压岁钱买些树苗，在水库两旁植些树，不但美化了环境，为环保尽了一份自己的力量，还可以完成自己为南水北调做点贡献的心愿，岂不是一举多得？

我说服爸爸："爸爸，今年我的压岁钱我想自己做主，让这笔钱用得有意义。"爸爸听了很高兴："好啊！那你觉得怎么用才有意义呢？说来听听。""爸爸，你看，我们住在丹江口水库，为了确保一库清水流向北京，水源区的人民正在退耕还林，我想用这笔钱植树，保护环境，也为南水北调出点力。"爸爸笑了："小天真，屋后的空地是留着盖房子的，哪有地方让你植树？""哼，你思想也太落后了。汉江两岸到处都可以植树，你们又想用我的压岁钱吧……""小鬼头，就会和我讲道理，这压岁钱，你自己看着办吧。"我知道，爸爸是通情达理的，他也知道保护环境多么重要。

在父母的支持下，我拿出压岁钱买了杨柳、水杉、香樟、桂树等树苗，又在爸爸妈妈的帮助下，我把树苗种植在水库岸旁。现在，这些树苗都已成活，正快活地茁壮成长。我幻想着春天百花盛开、秋天桂花飘香的美好景象，心头不禁涌上一丝喜悦与欣慰！因为我把压岁钱存进了"绿色银行"！

舌尖上的阅读

　　阅读不是山珍海味，玉盘珍馐。它是每年一度的年夜饭，包含的不只是各色各样的味道，更是团圆的欢乐，奋斗的辛酸，生活的苦涩……而这些，也正是阅读的味道啊！所以阅读的终极味道到底是什么呢？那就是——人生之味。

看书历险记

邵泰来

班主任对看课外书管得甚严，无论是谁看课外书都是要冒着"生命危险"的。

这天，天气格外炎热，树上的知了叫个不停，心里甚是烦闷。幸好又到了午睡的时间，我心里一阵窃喜，一边心里直念叨："老师怎么还不离开。"一边屁股扭来扭去弄得椅子直响。过了五分钟，我再也按捺不住，将眼光投入抽屉，看着那本崭新的《世界侦探故事精选》。

我陷入了无比纠结的境地。一方面是精彩的书籍，一方面是"杀人不眨眼"的班主任，怎么办呢？一个我说："算了吧，还是老老实实地睡觉吧！万一被老师发现就得不偿失了。"另一个我说："就看一次吧！反正睡不着。再说我坐在最后一排，老师在讲台上是看不见我的！"经过一番激烈的斗争，还是看书的想法赢得了胜利。可是我的心里还是很害怕，于是就装作太冷了把校服遮在头上。虽说这是掩耳盗铃，但至少能给我一些勇气。我小心翼翼地把书从抽屉里拿了出来。放在大腿上看了起来。才看了一会儿我就被书中精彩的故事情节给吸引住了。可是我还是十分警觉，生怕老师像幽灵般出现在我面前。果然，大概十分钟左右，我听到了高跟鞋接触地面发出的"噔！

噔！噔！"的响声。而且我还感觉这个声音在渐渐向我逼近。我赶紧把书一合，放入抽屉中，假装睡了起来。可是我等了一会儿，这个声音又似乎远去了。我就歪着头眯了一眼讲台。讲台上班主任在认认真真地批改试卷呢。唉！原来只是虚惊一场，不知道是哪个老师穿着高跟鞋从教室门口走过，吓得我一身冷汗。

停了十几秒，缓了一下，我又拿起书，用校服盖着，津津有味得看了起来。这回我是确信老师不会来了，所以把全部的心思放在了书里。我的心陶醉地跟着跟着作者一步步推理破案，时而紧张，时而放松。

正当我完全陶醉之时，眼睛的余光看到了一双黑色高跟鞋！糟了！老师来了！我连书都来不及合上就放进了抽屉中，心因为紧张而怦怦直跳，接着就是无比的恐惧弥漫全身。可奇怪的是老师一直没有"揭穿"我。强烈的好奇心使我抬头看了一眼。原来是我前面的人在看漫画！老师捉到的是他，可是我真的是无比心虚呀！我长长叹了一口气，叹息声未断，清脆的铃声已然响起。

尽管如此，我还是不断地"冒险"，因为书的魅力无穷，带给我的快乐亦是无穷无尽的。

舌尖上的阅读

吴晓俊

作为《舌尖上的中国》迷的我，每周五晚上坐在电视机前守着看《舌尖上的中国》一定是我必干的事，可是我也很爱"舌尖上的阅读"哦！接下来就请伴随着我这不是太标准的"舌尖体"，开始这场饕餮盛宴吧。

阅读有时就像一杯浓度极高的青柠檬汁。在《水调歌头》中，苏轼举杯问苍天："明月几时有，把酒问青天。"诗人有些伤感，却不压抑，因为月圆而人不圆，这是多么遗憾的事啊！它可以让人明白这世间的酸楚，使人认识到这世间的悲欢离合本是常事，但哪一次读者们不会为了这再普通不过的桥段而潸然泪下呢？

阅读有时就像一颗融化在你心间的油甘。鲁滨孙靠着自己那永远不会磨灭的意志和求生欲最终回到了英国，尼摩船长也凭借着自己的坚持不懈和临危不惧完成了环游世界的壮举。它可以让人明白胜利与光荣对一个人来说就是铸建自信的材料，人们永远都会为了心头的那一丝甜，不断地辛勤的劳动，故事结局当然是收获了应得的果实，所以阅读也正是奋斗路上人们的精神支柱。

阅读有时就像那刚从树上采摘下来的新鲜黄连。东汉末年的群雄并起到三国鼎立；清朝末年的太平天国到义和团运动。压迫，永远是每部历史书中必会出现的字眼。没有这般苦中苦，就不会有这类人上人。阅读让人明白，苦就是生命中的一部分，你不能拒绝的太多，可也不需要接受的太多，在阅读或现实的世界中，绝对只有两种人：打败困苦的人——成功者，被困苦打败的人——失败者。

阅读有时就像在那烈日下炼成的朝天椒，辣本不是味道，却能使原味将自身发挥到原先的几千几万倍，就像书中人物的描写一样，优秀的描写会无时无刻地刺激着你的每一根最敏感的神经末梢。当然，还会开发你神奇的想象力。拿破仑说过："统治世界的是想象力。"阅读何尝不是如此呢？它不知已成就了多少个拿破仑了。

其实，阅读不是山珍海味，玉盘珍馐。它是每年一度的年夜饭，但千万不要小看它，它包含的不只是各色各样的味道，更是团圆的欢

乐，奋斗的辛酸，生活的苦涩……而这些，也正是阅读的味道啊！所以阅读的终极味道到底是什么呢？那就是——人生之味。

成长的见证

尹启敏

微风轻轻拂过，唤起了我儿时的回忆：转眼间四千多个日子从我手中溜走，没有丝毫痕迹，只有书籍见证着我的成长。

儿时的我最早接触的书便是"连环画"，以画居多，略带几个简易的文字，这便是我的"启蒙书"。

随着步入小学一年级，我学会了拼音，便不再满足这类图书。我开始阅读"真正的书籍"，什么《格林童话》《寓言故事》等。它们的唯一共同点就是都有拼音，虽然知道怎么"读"，却不甚理解，于是我便缠着妈妈给我讲解。开始她还会很耐心地给我一遍遍讲解，但渐渐地便不耐烦了，对我说："等你长大后自然会明白的。"于是我只能依靠自己去慢慢地理解。

时间飞逝，我也渐渐长大，开始了我新的读书生涯：我接触的最多的便是课本，没有了拼音，就像我打仗没有了枪。幸好，妈妈给我买了本字典，虽然麻烦，但至少是一种方法。当然，我也会忙中偷闲，看看课外书。这时的我已经有能力看没有拼音的书了，像"冒险小虎队"，"皮皮鲁系列"丛书，都给我枯燥、乏味的生活带来了一丝乐趣。

后来，我开始阅读文学类书籍，像《青铜葵花》《水浒传》《三国演义》等。这时的我正式跨进了文学的殿堂，开始学会"真正的阅读"：理解文章内容，了解写作背景，体会作者思想感情……并在此之后，开始尝试写作。尽管烂到无以复加，但还是觍着脸坚持了下来，回过头，看看儿时的我读过的书，不禁失笑，到底还是个孩子，还很幼稚。

六年级了，我开始学习文言文了。什么"之乎者也"，什么"孔孟之道"，让我仿佛又回到儿时，知其然而不知其所以然……

读书，使我增长了知识，开阔了视野；读书，教会了我如何做一个正直、善良的人；读书，使我励志做一个对社会有用的栋梁之材；读书，荡涤浮躁的尘埃污秽，使我散发出一股沁人心脾的灵新之气。

读书让我领悟到人生的真谛，每当我迷茫，彷徨时，书籍犹如一盏明灯，指引我前进的方向，为我排忧解难；当我悲伤时，书籍会教导我，悲伤只是暂时的，只要勇于开拓，就会发现快乐就在前方；当我被人误解时，书籍会告诉我，走自己的路，让别人说去吧！

让我们好读书，读好书，插上智慧的翅膀，在知识的天空中翱翔。

阅读的童年

张皓天

在我丰富多彩的童年生活中，阅读是必不可少的，它给我的童年

铺上了一条通往快乐的书香小路。

　　记得我小时候读的第一本书是启蒙版的《三国演义》，起初不识字的我只能看图画猜大概的意思，求知的欲望使我对书的内容产生了极大的兴趣。后来上了小学，学习了汉字之后，在家中无意间又看到了那本书，好奇心驱使我马上翻开阅读，发现了书中隐藏着精彩的世界：关公"过五关斩六将"的非凡气势，周瑜"火烧赤壁"的壮观景象，诸葛亮八卦阵的奇妙玄幻。这些故事如同电影一般在我脑海中慢慢放映着，使年幼的我不禁想回到古代，过一把当英雄的瘾。从此我便对阅读越发痴迷起来。

　　随着识字增多，我开始阅读其他名作家的作品集，冰心的《繁星·春水》，鲁迅的《朝花夕拾》，朱自清的《匆匆》等。虽然有些作家的作品深奥难懂，但是我每多读一次，就会获得一些新的知识和理解，每一次付出都得到更多的回报。

　　等我稍长大一些后，一个偶然的机会，接触到了一本外国作品《海底两万里》，我在书中跟着尼摩船长到处冒险，见识了一样又一样奇妙的事物，一本书读完，就像游览了全世界。从此，外国作家的作品又"侵入"了我的生活，每一次的阅读总让我有眼前一亮的感觉。

　　阅读让我就像在海边捡贝壳的孩子，时常会捡到一些美丽的贝壳和珍珠，但是书的海洋是无边无际的，我将继续在书的海洋中航行，领略更加壮观的景象。

剿 蜂 记

倪振宇

在我幸福的童年中，曾发生过许许多多有趣的事：放风筝、捉迷藏、捉螃蟹、偷西瓜……

记得十岁那年，暑假的一个下午，一些伙伴约我去玩，走到一棵大树底下，我惊奇地发现了一个野蜂巢，约有碗口大小，密密麻麻布满了蜂洞，看着真叫人害怕。一个小伙伴问我："你能把它毁了吗？"我想：我已经是个小男子汉了，毁不了一个野蜂巢，岂不是太丢人了？于是拍了拍胸脯，骄傲地说："男子汉大丈夫毁个野蜂巢算啥！"小伙伴们都一脸惊讶地看着我，我想：毁个蜂巢有什么大惊小怪的！就继续学着大人的口气说："大丈夫一言既出，驷马难追！"

我拿起地上的一根木棍，不管小伙伴一脸看戏的表情，对着野蜂巢一通乱打，这时，一群野蜂飞了出来，像一架架黄色战斗机对我发起了进攻。我也不甘示弱，对着野蜂乱打一通。野蜂敏捷地躲闪着，铺天盖地地飞到我的脸上蜇我。我一手护住脸，一手拿着棍子想赶走野蜂，真是手忙脚乱，可我哪里抵挡得住野蜂强大的攻势。眼看不妙，"三十六计走为上计"，我急忙丢了木棍，一头扎进浅水河里，只留个鼻孔出气，等野蜂在我上方盘旋了几圈无可奈何地飞走之后，我才慢吞吞起了身，河旁的小伙伴们早已笑弯了腰。我看着河面自

己的倒影也捧腹大笑，原来我的脸被野蜂叮的像个猪头，一摸，十分痛。

妈妈看了我的模样也吃了一惊，连忙带我去看医生，过了好久才恢复原状。

从此，我一见到蜂就赶紧绕路，现在回想起来，总觉得那次逞能真好笑。

寝室欢乐多

方 彬

在人的一生中会遇到许多的人，各自扮演着不同的角色，或老师，或同学，或警察等，这些人中最令我难忘的还是我的同学。

在我们寝室里最尴尬的便是我们的寝室长——叶云翔，一次他在厕所里换短裤，一用力将厕所门关紧了，几次努力想打开门，都没有成功，只好敲门求救。我和郑洪瑞听见了，这时没想到郑洪瑞头也不回，直冲到门口，霸气地踹开了门，叶云翔刚把短裤脱下来，郑洪瑞看了一眼，就若无其事地走了。还有一次，叶云翔在厕所洗澡，不知是哪个损友发起的，一大群人就站在门前，透过门缝看，当然这群人当中没有我。谁承想这时老师竟推门而入，吓得众人连忙后退，可姜军却还站在那聚精会神地看着。这时老师走到他身后，拍了拍他的肩膀。姜军顿时大怒，回头说："我……"然而看到那来人竟是老师时，只得生生地将后面的那个"靠"字咽了回去，竟大义凛然地对着老师说"老师，他们偷窥，扣他们分。"那样子，好像他就什么也没做过似的。

还有一个人要隆重介绍，他便是上文提到的"姜军"，这名字听上倒是霸气，但他的"人品"却与这"将军"称号完全不符。一次，他终于经受不住零食的诱惑，去小店买了一包鸡肉，回到寝室时大叫着，结果老师这时恰巧过来，看到姜军手里的零食，顿时瞪了姜军一眼，姜军会意，连忙将零食往床上一扔。老师走后，姜军才重新拿起，在叶云翔的"指导"下蹲在阳台吃。吃完了，姜军就要做一件大事——秀腹肌，只见他走到镜子面前掀起衣服，让我们看那几块若有若无的腹肌，昨天他还向我们炫耀："我快有八块腹肌了，但有两块不明显。"但我们只是不置可否地笑笑。做完这件事后便要做另一件——睡觉，姜军的睡姿着实不敢恭维，每当我半夜醒来，总会在地上发现一团被子，被子里还裹着一个"不明物体"，借着月光，我才依稀发现那竟是姜军。话说他还有一件大事——看发型，用他的话来说就是"头可断，血可流，发型不能乱"。他那双火眼金睛总是能从大致相同的发型中找出不同，但学习上就不行了，这或许就是选择性记忆增强吧!

这就是我的同学，那样的朴实，纯真，他们带给我们许多欢笑、惊喜和精彩，和他们一起欢乐就是多!

原来你也在这里

丁文郁

不经意间回眸，才发现，原来你也在这里。

从小就陪伴我一起长大的姐姐，从来都是"欺负"我的姐姐，却处处关爱我的姐姐要去哪远在天边的大洋彼岸。临走前一天晚上，在家里到处找不到姐姐，我问姑妈："她呀，好像和同学出去了！"一语道破，如寒风中的冰雹，使我感觉冰冷刺骨。原来以为姐姐会来找我，原来以为姐姐会舍不得我，原来只是这样……

夜色笼罩着天空，抬头看不见一点儿星光。想着小时候的一点一滴，我不知不觉走到了这里，夜晚的这里多了几分宁静，回忆却依旧清晰。

"姐，你看，那里有秋千呢！我们去玩好不好？"姐姐没有说话，只是嘴角挂着一丝若有若无的微笑，年少的姐姐总喜欢装老成。我甩开姐姐的手，俨然一副疯丫头模样，不管不顾地坐在秋千上，沐浴在春风里。

玩儿渴了，我去找姐姐喝水，只一会儿工夫，秋千便被别人占了去，我一开始静静地站在旁边，原以为他玩一会儿就离开了，可他越玩越开心，丝毫没有"让位"的意思。在一旁的我忍不住了，轻轻地推推姐姐："姐，你去跟他说说，让他让我玩一会儿！"我充满期望地仰起头，却得到了拒绝的回答："不，你自己去！"姐姐的语气不容置疑。"姐……"姐姐用手转过我的身子，轻轻地对我耳语："自己过去说！""哼！"我赌气地闷头朝前走，"小心！——"

低头走着的我突然听见好几个人短促的惊呼，还没反应过来是怎么回事，就被眼疾手快的姐姐扯了过去。我跌坐在草地上，原来是刚荡起的秋千差点儿砸中我，再回头看看姐姐，正对上姐姐满眼后怕的眼神，"我……"

回忆慢慢地被风飘走，笑容还未挂上嘴角就悄悄漫成数不清的苦涩。刚想抬脚离开，远远地，却看见那熟悉的身影。我们就这样望着，谁也没说话。

"姐……"我欲言又止，姐姐似乎看懂了我的心思："我早就来这儿了！"原来，你也在这里。"以后我去国外上学，自己要学会独立啊，好好照顾自己！"姐姐轻轻地说。我抬头望着她，姐姐大大的眼睛里亮晶晶的，我咬住嘴唇，低下头，忍住泪意。

原来你也在这里，倾诉着数不尽的不舍与思念。

睡在麻袋里的记忆

陈　可

记得小的时候，家里种香菇，而夏天正好是造香菇的时候，一造香菇就要不停地烧着，晚上也要不停地炮着。

种香菇的时候，家人会请一些村民来帮忙，把准备好的原材料装

进相应的塑料里，用机器封好，一排一排叠整齐，一大堆一大堆，用各种的布、塑料袋包装着，用绳子绑着，底部用沙子压着，以免膨胀裂开，还要用相应的机械日夜不停地烧着。由于我们太小，奶奶常会把我们带在身边。

　　白天奶奶在家休息，爷爷在那干活。晚上，奶奶吃完饭，就下来接爷爷的班，而爷爷就回家吃饭，休息，半夜爷爷下来加班。反正就这么几个时间段，奶奶爷爷交替接班。前面我也说了，我是跟着奶奶的，所以吃完饭，我会和奶奶、姑姑、表姐一起下来守夜。晚上，周围一片漆黑，什么都看不见，直瘆得慌。可是，在这简陋而明亮的棚里，周围都是我的亲人，我一点也不觉得恐怖。棚上的烟囱里火红的火星直往上冒，然后就消失了，像是点缀在夜空中的钻石，成了最引人注目的地方。

　　夜那么长，我们自然不会一直发呆，肯定要找点趣事。这时候一直带我们玩的姑姑就会有很多想法。她经常会带一些土豆来烤，我和表姐就等着吃。奶奶在火烧旺后把土豆放在火焰上烤，等我们玩一些游戏后，土豆就熟了，可以吃了。用夹子夹出土豆，不烫后用手掰开，剥掉一层薄皮，小心地咬着吃。因为我们的技术不是很好，土豆都会烤焦，吃的时候常会黑了嘴，但样子很可爱。

　　但是那儿的蚊子特别多，我平生最怕的就是蚊子。它们老是跟我作对，很喜欢咬我，吸我的血，特别是脚被蚊子咬到那真是"惨不忍睹"。这时搞怪的我为了远离蚊子就想到一个点子，把边上装旧香菇的麻袋当睡袋用。拿出一个新的麻袋，扒开，脚伸进去，袋子往上提，手也藏进去，最后坐到地上，躺下睡觉。对于我这个行为，奶奶觉得很搞笑，就情不自禁地笑起来。看到奶奶露出幸福的笑容，我的心情也会很好。

　　种香菇的那段时期很有趣，我记忆犹新，就像是昨天发生的。真的很怀念那段单纯、有趣的时光，只可惜现在再也不种香菇了。

独 爱 秋

戚易衡

春，草长莺飞，桃红柳绿；夏，骄阳似火，暑气蒸人；秋，金风送爽，天朗气清；冬，白雪皑皑，银装素裹。四季各有魅力，我却独爱秋。

田野里，高粱涨红了脸，稻子笑弯了腰。一大片一大片，放眼望去，金灿灿的，一阵风吹过，像是一层层起伏的金黄的波浪；仔细听，似乎还能听到他们的嬉笑声呢！经过一个夏天太阳的热情烘烤，此时，这凉爽带着各种果香的秋风是多么令人愉悦啊。瞧！地里那一个个忙碌却快乐的身影是谁呢？哦，原来是农民伯伯啊，他们正在抓紧时间收割稻谷呢！

田园里，橘树当起了妈妈，一个一个小小的橘子点缀在枝头，密密麻麻的，这给橘树妈妈乐得呀，把腰都笑弯了。还有葡萄妈妈，笑得更开心了，一串串紫红的、玛瑙似的小葡萄们，挤挤挨挨的，像是在看热闹似的。

走在小路上，桂花的香气围绕在你周围，那自然清新的香气会使你神清气爽。

忽然，天空中下起了小雨，淅淅沥沥的。雨是有颜色的：金黄、粉红、紫色、白色，它们夹杂在一起，是梦的色彩；雨是有味的：泥土味、野花味、果香味，各种味道混杂，酝酿梦的芳香；雨是有声音的，淅淅淅，刷刷刷，端庄、沉静、优雅。雨，是宇宙间的精灵，挣脱了云层的羁绊，洋洋洒洒地飘向大地。

这，就是我深爱的秋，独特又美好！

那份美好的平静

朱菁琦

我，不太喜欢热闹，因为难免有些聒噪；我，也不喜欢冷清，因为难免有些寂寥。

我的家就在农村，我家后面是一大片的稻田，春天，一片绿油油，风一吹，就开始摇曳。我喜欢这里，每天清晨是小鸟的歌声将我唤醒，晚上呢，则是蛙的叫声伴我入睡。

于是，每逢周末，我都会把握住这短暂的时间，去田野看看。有时，我会捧着一本书，在夕阳下，席地而坐，吃着面包，迷离地望向远方。

我也曾梦见过自己，站在比这更为广阔、美丽的田野中，看着眼前大片的向日葵，它们面朝夕阳，想抓住那残余的阳光。我坐了下来，一只懒猫也和我一起感受夕阳，它轻柔地摇着尾巴，半眯着眼，享受着。我也躺下，闭眼，享受这美好时光。

风轻轻地洒在我的脸上，痒痒的。一只蝴蝶慢悠悠地飞来，最后，落在了懒猫的鼻子上，摇着那美不可方物的翅膀，睡着了。

蟋蟀声不绝于耳，蔚蓝的天空上，三三两两的白云正在游走。

111

远处，一只小鸟叽叽喳喳地叫着，仿佛在倾诉着它对美好未来的幻想。

时间，稍纵即逝。稍纵即逝！

秋　意　浓

何　流

浮云青天薄纱帐，凉风热血暖秋阳；绿松衰草应知景！一眼青葱一眼黄。

秋天是一个色彩丰富的季节。秋天，是一个被诗人千古传诵的美丽的季节。不似春，勃勃生机：燕草如碧丝，秦桑低绿枝；不似夏，闲适而燥热：更无柳絮因风起，唯有葵花向日倾；不似冬，洁白而傲然：忽如一夜春风来，千树万树梨花开。我更喜欢秋，秋意如画：碧云天，黄叶地，秋色连波，波上寒烟翠。

轻轻拾起一片落叶，摸着上面的脉络，感受到秋的气息已经来临，张开双臂，任秋风吹拂，温柔地躺在秋的怀抱里，听着秋在歌唱。秋风萧瑟，秋风何尝萧瑟？萧瑟的只是吹风人，只是他们的内心，真正的秋风，听，在诉说着温柔细语，在散发着淡淡的麦香。朴实的农民听懂了，赶着收割；背着画夹的青年闻到了，摊开画，用五颜六色刻画秋的轮廓；而我，迎着风，感受着秋天，用心静静聆听……

秋雨，更加惹人喜爱，为这秋增加了一种和谐之美，远处的山，

近处躲雨的人，和着沙沙小雨，组成了一幅动态的自然画，烟雨中显出一种朦胧之美，照相机也记录不下这种情感，只有身临其境，才能成为这秋的知音，才懂得什么是真正的秋之美。

秋，是希望，是丰收，更多的是一种美，一种秋之美，又有多少知音能和我一起发现这种美呢？

赏　夜

方紫莹

我喜欢站在窗边，喜欢站得很高，望向远处。我能看见夜，夜能慢慢编织黑色毛衣，渐渐织上对面的屋顶，织满无际的天空。

仔细看，再仔细看。今天夜奶奶似乎玩耍得忘了时间。当她回家时，发现那件未编织的毛衣，顿时慌了起来，因为每天编织一件黑色毛衣是她必完成的任务。她咬紧牙关，拼命地编织……一晃眼，偌大的天际已经穿上了毛衣，夜奶奶不停地发出"呼，呼……"声，于是月亮姐姐不再冷得瑟瑟发抖，与星星对视交流。

夜，很静，真的很静。我仰在床头，望着对面的街道，望着那路灯。在夜的衬托下那灯显得格外刺眼，毫不留情地射进我的眼睛，穿过我的眼睑。我想起了她，想起了她在水池旁，想起了池子边堆着歪歪扭扭的盘子，稍不注意就会倾倒。在她的头上三寸，有一盏灯，发出年迈的呻吟，两只白色的飞蛾在扑腾。那盏灯，晃得厉害，但也很耀眼！从中映射出的竟是母亲的银发，由青丝变成白发，那不光滑的

容颜，犹如一道道沟壑……

在夜的陪衬下，我懂得时间是如此贪婪，一点点吞噬了母亲的青春……

眼角的泪滑过侧脸，湿透一片枕巾。

夜来得那么安静，去得也那么安静。无声无息地走来，又悄无音讯地离去。留下的只是那一刹那的美好记忆，封存在梦中，埋没在脑海里……

夜，在我眼中，是温暖的，它有自己的灵性。有人觉得夜可怕，孤寂，也许在于她自己，是否去思考，去欣赏她的存在。

请静下心来，细细去品味，去感受。相信你会觉得夜是美丽的。

高 沸 沸

胡雅君

"高沸沸，喂，吃饭了，走了！"下课后经常能听见这样的嬉笑。不知从啥时候起，我开始叫她高沸沸，她说这么奇怪的名字也只有我能想得出来了。

阳光正好，洒落下来，亲吻少女的脸颊。咦，这阳光怎么就照在了这个神经质的女孩儿身上？这不，她又开始了她的舞蹈。

"胡大炮！我们来玩走内八字和外八字吧！"她对我挑动着眉毛，还发出了魔性的笑声，让我打了一身冷战。"咦……"我表示"好恶心"。她一看就生气了，我急忙说："我是说玩吧玩吧。"朋

友就是朋友，转瞬就多云转晴了。

我们手拉着手，她的手就是那么肉嘟嘟的，而且很白，"我只要一摸，就知道这是你的手！"我一本正经地对她说。"真的？"她略带惊喜的微笑着说。"那我厉害吗？"我问她。"厉害的哇，你是谁，你是……"可能是因为她觉得我太在乎她了，她又要开始喋喋不休地夸我了。

等她说到一半我就开始了报复，"那是因为你手上的肉太多了！"说着我就哈哈大笑起来。

"哼！不和你好了，你这个胡大炮！"她故意拉起我的手又用力地甩，然后用鄙夷的眼神看了我几秒，就开始了狂奔。"我不要你了！"最后一句她说得十分重。

我故意没有理她，看看她会有什么反应。但一看到那跑姿，就"扑哧"笑了出来。小辫子甩来甩去，还提着那快要掉的裤子，又可爱又灵动，加上她胖，简直就是一个球在滚！

"我也不要你了！"我大声喊道，故意慢吞吞地走在后面，送她两个大白眼，表示生气。她终于放下了少女情怀，跑回来可怜兮兮地拉着我的手，娘里娘气地说："谁惹你生气的哇，我们去打她，啊？"这姑娘真是完蛋了！

虽然平时她和我总是"格格不入"，但我们从未彼此抱怨，虽然遇难后会相互嘲笑，但却从未忘记笑了以后相互帮衬。

谢谢你，高沸沸！

奇哉！清明！

刘 冰

我有一个神奇的好朋友，她有一个神奇的名字——黄清明。

居然有人叫"清明"？

认识黄清明之后，我才发现，黄清明其人，奇处颇多。比如说她那极具个人特色的，在阳光下会发出"金灿灿"的光的褐色短发，摸起来有种松鼠尾巴般的蓬松和柔软的感觉；再比如说她离清明节仅差一天的生日——这倒是解释了她名字的由来。

黄清明的神奇之处不只体现在这两件事上，她最神奇的地方在于她的N重人格。

人如其名，安安静静的黄清明还是颇有清明时节江南女子的婉约秀气的，很有"文气"。但是，这只是"安静"的黄清明，有句话怎么说的——"静若处子，动若脱兔"，说的就是黄清明。谁能想到，那个文文静静、闲静少言的黄清明与寝室里那个惊悚魔性的，行为举止完全与名字相悖的"女神经"是一个人。

黄清明的"真面目"只有在寝室里才会完全暴露出来。某天寝室熄灯之后，万籁俱静，但是某人放了一个屁。本来放屁也不是什么大事，人之常情嘛，关键是，那个屁——很长——很长，估计是那个人在拼命憋着，企图不让它"暴露"。但还是晚了，某种令人尴尬的声

音还是发了出去，而且由于刻意压制，变得有点像是机关枪的"嘟嘟嘟嘟嘟……"的声音，寝室里立刻充满了笑声，此起彼伏。我也在默默憋着笑，然而，黄清明那魔性的笑声还是再次刷新了我的三观。黄清明的笑声有一个特点，那就是，原本它是一口气，被她抖啊抖啊抖啊就变得断断续续。不仅如此，她的尾调上扬，到后面却越来越尖。我本来只是在笑那个屁，后来却变成了笑黄清明。黄清明一笑，我就跟着笑，好不容易快停了，结果黄清明又笑了，循环往复——我和黄清明简直就像两个傻子！还好寝室长忍无可忍地发飙了，我才避免了笑到面瘫的命运。黄清明肯定也没多好，我打赌她肯定也是笑到肚子都痛了。

这件事之后，我就意识到了，黄清明她——根本就是一个逗比！她在我心中温文尔雅的形象顿时幻灭了。

由于黄清明实在太好玩了，所以我经常会想逗逗她。

比如——"终于下课吃饭了！"我伸了个懒腰，"清明，排队去？"

清明并没有回答，只是点点头和我一起走到班门口排队去了。在这过程中，她的表情一直是淡然而不起波澜的，我的心里有些郁闷，忽然计上心头。

我故作哀怨地对清明说："你不爱我了。"一边说，一边抖抖身上乍然而起的鸡皮疙瘩。清明似乎也被我恶心到了，平静的表情终于有了一丝波澜，她快速答道："没有啊。"我又说："那你为什么这么高冷？"清明看着我，似有些诧异，"哪有高冷？我这叫选择性耳聋。"我"哀怨"道："你明明听到了，还说自己耳聋，你就是不爱我了！"清明翻了个白眼："我不是在跟你说话吗？"我决定要"再接再厉"："可是你之前都不理我。"清明无语，再不理我。她快步向前，想离我远一点儿，我就紧紧黏着她，没办法，她只好跟我聊天。毕竟是闺密，我们很容易就能聊到一起去，聊着聊着，清明就暴露了她的猥琐本质，我就像抓到了她的小辫子似的，揶揄道："想不到你是这样的清明！"

黄清明停下步子，无奈道："我不跟你说话，你说我高冷；我跟你说话，你又说我这样！"说完大步流星向前走去，任凭我怎么哄，都不理我了。

最后我还得使出撒手锏"看在你家霉霉的份上，饶了我吧。"此事才作罢。

在我眼中清明一直是那种善解人意的邻家女孩儿，想不到她还这样的调皮与活泼，只有真正接触她，才会知道这样个性鲜活的清明是如此与众不同。我想我们的友谊一定会地久天长。

我最熟悉的她

吾湘婷

"咯咯咯！"伴着爽朗的笑声，一张使人忍俊不禁的笑脸，蹦跳着出现在我眼前。还是那头凌乱的秀发，排列得整整齐齐的牙齿，嘴角弯起好看的弧度，发出一阵阵肆意的笑声。是啊，如此有感染力的笑声让人听了怎么能不开心呢？

她本人也是如此，同她的笑声一般无二。

还记得上个星期天，我拖着病体，疲软地来到学校，正欲趴在桌上睡一会儿，银铃般的笑声又在我耳边不合时宜地响起。她笑着问我："哈哈，怎么了呀？走走走，出去玩！"说罢，便拽起我的手往外走，我还没有来得及推托，就被她三步并作两步拉到了班门口。"去不去小店呀？我请客。"她说着，抬起头，拍了拍胸脯，又习惯性得用双手晃动着我的肩头，原本亲昵的动作此时却让我觉得天旋地转。

我有些恼了，挣脱她的手，一言未发地走到座位上坐下。她忙不迭地跟过来，半蹲在我座位旁，拉过我的手，还是那般没心没肺地笑了："咯咯，怎么了呀？为什么不出去玩？咯咯……""哎哟，你可真烦人，我生病了看不出吗？"她听了，微微愣住，秀气的一字眉皱起来，悄悄松开握住我的手，走了。"她生气了？"我的内心五味杂陈。

我疲倦地趴在桌上，"咯咯咯。"耳边突然传来一阵魔性的笑声，"咯咯，让一让！"是她的声音。我睁开惺忪睡眼，抬头一瞧，她正端着满满一杯子的水，似走独木桥一般，东摇西晃，却唯独手上的杯子，平平稳稳，让人看了不觉发笑。

"来，喝点儿热水。"她灵巧的小身板绕开旁人，迅速地把杯子放在我桌上，手心已被烫红，杯口弥漫着缕缕水汽。她却又笑了："呃呃呃，我们三楼可真是'低保楼'，连一点儿开水都没有，我还是特意去四楼灌的呢。哈哈，我厉不厉害？"她笑起来真好看，漂亮的眉毛舒展开。我小心地喝了一口开水："哟！真烫！""咯咯咯……"银铃般的笑声又响了起来。

有一个地方只有我们知道

董慧琳

我想起你最初的模样，想起那些斑驳的时光。当时，你还在我的身旁，现在已成逝去的美好。但是，让我庆幸的是，有一个地方，只有我们知道。

记忆，像沉寂在心底的柔丝，忽然被风吹起，萦绕在我的心头，伴随着的，只有思念。

那天我从窗外望见你，你的额头上密布着细细的汗珠，你咬着自己的下嘴唇，嘴唇有些泛白，你眼神焦虑，望着我家大门，你好像还在微微颤抖。我不知道发生了什么事，但是我知道你一定是在等我。

我急忙跑下楼，开了门。你一见到我，便一把抱住我。我一震，不安地问道："怎么了，你？"

"琳，我不想离开你，我真的不想！"

我们，我们要分开了吗？我难以置信，可这又是事实……

我与你静静地走着，一路上谁也没有说话。

不知不觉，我们就走到学校附近的那个山坡上，那个只有我们两个人知道的地方，那个我们无数次嬉戏打闹的地方。而此刻，我与你静静地坐在草地上。蒲公英花开，枝干在微风中摇曳着，我抱着膝，出神地望着地面。已入深冬了，小草已经枯黄的不成样子了，却迟迟没有下雪。你拿起一根又一根的蒲公英，轻轻一吹，一把把小伞在蓝天下，飘荡着，飘荡着……

此时的你没有了以前的活泼，我也没有了以前的欢乐。

这时，你突然对我笑了笑，并转身对我说："也没有什么大不了的，也不是不会再见面，以后我会经常来找你，我对你发誓，骗你我就是小狗。"

你见我还没有反应，就又说："好了，我们现在不能在一起上学了，那就努力考上同一所学校，好不好？以后争取再考上同一所大学！这样我们就不会分开了，不是吗？要不然我们去同一所公司。"听到这，我"扑哧"一声笑了。

你见我笑了，脸上的笑容明亮了，就像天使一般。"拉钩上吊，一百年不许变，骗人就是小狗。"

我们又恢复到以前的状态，嘻嘻哈哈。雪花伴随着我们的笑声，从天国井然有序地坠落人间。飘忽的雪花，透气轻盈的美，似柳絮随风飞扬，满目灿烂。

"啊，下雪了，这雪好美呀！"你不禁感叹道。

雪离开一个世界，飘落到另一个世界，她有过挣扎，有过不舍吗？也许有过，可她始终保持优美的身姿，淡定而从容。哦，我明白了，我释然了，迟早，都要分开的，那么，活得从容而美丽，才是最好的选择吧！

朋友，祝福你。也请你永远记着，虽然我们不在一起，但有一个地方，只有你和我知道。当时光湮没我少女的情怀，当岁月将我的青春褪去成苍白，那个地方仍然会存在，因为那个地方，只有我们知道。

失败，阻挡不了前进的脚步

戴伊诺

人的一生中会经历许许多多，其中难免会有曲折和坎坷。而这些曲折和坎坷的真正意义是什么呢？

看着门前这条马路，我就不禁想起小时候。还记得那时候，看着别人家的小孩儿都有一双炫酷的旱冰鞋，在马路上轻盈地滑过……我就特别羡慕，忍不住向爸妈索要，可爸爸一脸严肃，表示不同意，说这玩意儿没什么用。最后还是奶奶满足了我这个微小的愿望。

终于，我的旱冰鞋到了。我放下刚盛的饭，赶忙奔去将它拿来，撕开包装，看着说明书，摸索着把它组装好，便兴高采烈地穿上了旱冰鞋。因为是第一次穿，还真有点不适应，走路颤颤巍巍的，像极了那年迈的老太太，生怕自己会摔倒。因为害怕，我顺手拿了一根"拐杖"杵着地，一步步小心翼翼地向前滑。

"哎呀！"我还没搞清楚是怎么回事，就发现自己的屁股已经跌在地上了，还真有点疼。我朝地上看了看，原来是一块石头惹的祸。

爸爸看见了。只见他眉头紧锁，故意装出一副我自讨苦吃的样子说道："现在舒服了吧？摔疼了可没人管你。不就是一块石头吗？就把你难倒了？当初可是你自己要学旱冰的。"

"唉，可是旱冰真的好难啊！"我坐在地上垂头丧气地说道。

正当我想放弃练习，脱下旱冰鞋时，奶奶走来了，她鼓励我说："你要相信自己，只要用心去做一件事，就一定会成功的。"

是啊，当初是我自己哭着嚷着要买旱冰鞋的，还和爸爸吵架。现在好不容易得到梦寐以求的旱冰鞋却想要放弃了，这不是违背自己的意愿了吗？不行，我绝对不能就这么放弃，我一定要学会，不辜负奶奶的期望，也让爸爸对我刮目相看。

"我才不怕疼呢！我会成功的。"我一边站起来一边不屑地应道。

我站起来，拍拍屁股，继续滑行着。慢慢地，我可以不再依靠"拐杖"了，已经可以一个人熟练地滑行了。我想挑战一下自己，前面的那个下坡是一个不错的选择。我终于滑到坡顶，虽说这坡不高，可从高处往下看还真是有些可怕。我闭了闭眼，做了几下深呼吸，再睁开眼睛，俯下身子，重心向前倾，鞋轮便快速地滚动起来。哇，这种感觉真好！看着前面的油菜花田，视野开阔，在风中穿行，感受自然的芳香。耶！到坡底了，我成功啦！

我兴冲冲地回到家后，不停地向爸爸炫耀，他听后脸上露出了会心的微笑。

每个人小时候蹒跚学步，咿呀学语时，都是要经过一次次的磨炼，才能走得顺畅，说得顺溜。"失败乃成功之母"——失败的真正意义不是让它成为你人生中的绊脚石，阻碍你前进的道路，而是要让它成为你进步的动力，激励着你奋力向前行进。

只有感受过失败的滋味，才能品味出成功的喜悦！

失败值得品味

余燕晨

失败，大概谁也不想自己的生活中突然间闯进这么一个不速之客吧？大家热爱的往往是那像宝石般闪烁着灿烂光辉的成功。但生活经常不遂人愿，失败经常在不经意间闯进我们的生活。那我们该怎么办？逃避？

不可能！你只有正视它，才可能有意外的发现。失败会如一杯茶，须细细品味。

那一次，我尝到了苦涩的茶——考试失利了。我的面前摆着打着"×"的试卷。试卷的顶端写着骇人的分数。眼泪犹如断了线的珍珠，谁也控制不住飞速往下落的它，毫不停歇。平日里爱给别人讲大道理的我，此刻却卑微的像只蚂蚁，被沉重的分数压着，无力反抗。我抽泣着，抽泣着。耳边回荡着同学们七嘴八舌讨论的声音，眼泪却一直很任性，不停下它的脚步。一个声音传入我的耳朵："哭有什么用，还不如静下心来好好想为什么会考砸！"我将自己的头稍微抬起来一点儿，看见一个同学生气地瞪着我。我努力让自己平复下来，思考她说的话。

是的，无谓的哭并不能换来什么，所以我停止了哭泣，开始思考我的失败。的确，失败对奋进者来说是一块垫脚石，但对于弱者来

说就是一个万丈深渊。我若因此就被打败便是弱者，反之就是奋进者，成功者。那我何不将那万丈深渊变做垫脚石，让自己向那闪烁着灿烂光辉的成功道路前进一步呢？我感激地看了那位同学一眼，接着便去分析那张可怜的试卷。我总感觉那一个个的"×"仿佛在提醒着什么。我找到了问题所在——原来许多题目，我都因为马虎而与正确答案擦肩而过。再看看儿道我不会做的题，我竟然都理出了做题的思路，知道了怎么做。旁边的那位同学笑了，我也笑了。

失败并不可怕，最可怕的其实是你被绊倒后，就坐在原地叫着喊疼，期待着别人给你一只手。天底下没有免费的午餐，不要总是奢求别人的帮助，因为能帮你的只有你自己。在失败后，我们应做的，是努力寻找失败的原因。即使被摔的遍体鳞伤，也要努力让自己站起来，跨出另一步，只有这样，才能让失败变得有意义。

我喝下了这杯苦茶，嘴角却留有清香。

125

抱怨没有用，只能靠自己

蒋周铭

"一些天生的恐惧，所求不得的愤怒，希望落空的悲伤，
都只是生命能量的自然流动而已，它会来，就一定会走。"

——题记

如上所述，抱怨也是一种生命能量的转换，它会来，就一定

会走。

随着年龄增大，学业也变得越来越繁重了，自然而然就出现许多抱怨声——这正是我所讨厌的。既然是必须完成的作业，必须通过的测试，为什么就不能以一种从容、无所畏惧的心态去面对呢？如果你的内心强大，即使天塌下来也可以当作尘埃拂去。

我们学校的副校长教过我们几节语文课，课上得相当诙谐。我印象最深的就是他在上《桃花心木》时说的一句话"抱怨没有用，只能靠自己！"刚上六年级时，有个关系不错的朋友，她很爱讲话（没有贬义），一些鸡毛蒜皮的小事也能被她谈得风生水起，里面掺杂了种种抱怨，对老师的抱怨，同学的抱怨……后来我想到了那句话，就在一天晚上放学后和她重述了，她很认真地点头，说她会去做的，而且很谢谢我。隔天，回校，至班门，遥闻她语，近而听之，皆为抱怨哀怨之声，不禁叹惋。

《七月上》里有这样两句歌词"我欲乘风破浪，踏遍黄沙海洋。与其误会一场，也要不负勇往。"——即使上刀山下火海也要去闯闯，而不是浪费时间高谈阔论，真正的努力是悄无声息的，而非大张旗鼓的。

很多时候由于习惯，一旦什么什么老师"掠夺"了一节自修课，或是哪天哪节课发了张卷子让大家磨破笔尖的时候，班上那群到处"兴风作浪"的人总会哀号几声，哭天喊地，作为考试的前奏，但哀号之后总是还逃不过试卷的洗礼。这样其实没有任何意义，我们无法改变环境，却可以适应环境。不是说生物都有适应性吗？汝岂石头哉？有时，我们会发现每当遇到不称心的事情时，一些脏话就会自然地脱口而出，这也许渐渐成为我们表达心情的某种习惯吧。

我们过着这样的一天又一天和你想的不一样的生活，自己以为能操控，但往往身不由己，因为和你想的一样的叫童话，而我们过的是现实。

每天都抱怨，诸事皆烦的抱怨，这样的人久而久之会成为一个负能量爆棚的人。不埋怨，输了就加把劲去追，跌倒了就擦干眼泪重新来！有生活，没抱怨！

滚蛋吧，粗心君

李西瑶

春意正浓，窗外的桃李争相开放，在春风中开得烂漫。旁边的海棠却是躲在叶间，只露出点点红蕾，令人十分扫兴。早晨醒来，不禁回想起昨晚的梦，又是同样的场景，相同的情节。这些天，我总是做同一个梦，而梦中的故事却是真实的经历。

梦里，你又一次用教棒打醒了我，眼睛里似乎包含着什么，是愤怒、是失望，抑或是其他我看不透的东西。我又一次哭了，是为自己的粗心而哭，更是为"你"第一次打我而哭……

四月的天，阳光十分明媚。教室里，老师正在讲评试卷。试卷是昨天发下来作为家庭作业的，内容十分简单。我无聊地坐在板凳上，把玩着手上的红笔。这时，老师的声音突然提高了，作为一个学生，本能告诉我，老师一定会讲一个重点知识，而且还是在座每一位同学都十分熟悉的，我幸灾乐祸地想着：这下有人要遭殃了。以我多年的经验来看，老师这是要发火的节奏啊。果不其然，她给我们讲了关于"what is your father's job"，和它的同义句"what does your father do"相关的知识点。我漫不经心地听着，然后低头看向

试卷，正想在卷子上打一个大大的勾，却猛然发现自己的答案竟是错的！恍惚间，我听见老师说："错的同学请起立！"我感觉自己的心正在剧烈地跳动着，我慢吞吞地从座位上站起来，偷偷向四处瞄了一眼，发现有三分之一的同学都起立了，这才稍稍松了口气。

我看见老师手里拿着教棒，她平常都不会轻易拿出来的，看来是早有准备。我认命地把手伸出来，眼看着她打完一个又一个同学，马上就将轮到我。我听见旁边几个同学在窃窃私语，虽然离得比较远，但我还是听了个大概：啧啧，她成绩这么好竟然会犯这么低级的错误。是啊！我连这么低级的错误都会犯，是粗心了吗？是骄傲了吗？瞬间我的脸就红了，恨不得找个地缝钻进去。

不知不觉中，老师已经走到我的座位旁，用一种让人难以捉摸的眼神看着我，这种眼神我至今都记忆深刻。她用教棒照例打了我三下，然后又向其他同学走去。我永远都不会忘记，她打完我之后，我便坐在座位上哭了起来。这是我第一次在全班同学面前哭，一直哭，直到下课……

课后，老师找我去谈话。她说了很多道理，我现在大都已经忘却了，只记得这么一句话："粗心往往是不负责任的表现，而你要对自己的人生负责。"

抬头，我又望了一眼窗外争奇斗艳的桃李，突然知晓海棠只是不屑与桃李斗争。再放眼望去，那点点红蕾却是格外美丽动人。我明白，老师不一定要桃李满天下，但一定要教会她的学生做人做事的道理，这，才是为人师表。

与《三体》一起飞翔

夏嘉骏

老爸是个书迷，他大学学的就是中文专业，曾经做过教师，现在是电视台编辑，他最喜欢读书，家里大大小小四五个书橱，每个书橱里都堆满了各式各样的书籍，从文学经典到科学著作，从古代史诗到现代文明，从西方哲学到东方国学，琳琅满目，蔚为大观。

我从小对书也产生了一种莫名的亲切感。不需要去书城，家里就是一个小图书馆，每天翻翻大大小小、形形色色的书，徜徉在书海里，对每一本新书更是爱不释手。书以它独特的魅力让我痴迷不已。

浩瀚书海中，我最喜欢的还是科幻作品。这些作品，以对科学的大胆想象和创作，讲述着可能永远也不会发生的事情，但却折射出现实生活中的道理，是一种特殊的文学样式，让我欲罢不能，疯狂潜读。

我最爱的科幻作品当属刘慈欣的《三体》。他是中国最了不起的科幻作家，曾多次获得中国科幻文学最高奖"银河奖"，2015还获得了"雨果奖"最佳长篇小学奖。《三体》讲述的是人类发现外星球，向他们发出信号。外星人闻讯而来，派出名为"智子"的机器人来阻止人类科技的发展。人类眼看要被外星人灭绝，一位人类的精英感悟到了宇宙中的生存之道——"黑暗森林"法则，他威胁外星人如果再逼迫人类，便向全宇宙播撒三体星的坐标，让更高级的文明消灭三体文明，当然人类也暴露了自己的位置，一切危在旦夕……

刘慈欣用生动的笔触，描绘了一个宏大的宇宙，故事一波三折，想象力爆棚。这本书给我带来了前所未有的外星世界，科幻的魔力无所不在，让我沉醉其中。

陆陆续续，我读了大量的科幻作品，包括刘慈欣的《球状闪电》《赡养人类》《中国太阳》，郑文光的《飞向人马座》，钱莉芳的《天意》，郝景芳的《北京折叠》，凡尔纳的《海底两万里》，罗伯特·海因莱因的《出卖月亮的人》，道格拉斯·亚当斯的《银河系搭车客指南》，阿瑟·克拉克的"太空漫游"四部曲。我在经典的科幻作品中上天入海，飞向茫茫宇宙，寻找人类的未来。

坐在阳台上，明媚的阳光洒在我和书上，读书是我周末最惬意、最享受的事。翻开一本本科幻书，感受宇宙间的呼吸，参与人与宇宙的搏击，探索人类未来的前景。一页页纸轻轻翻过，一章章故事慢慢读过，品读一位位作家讲述对人类未来的憧憬与担忧。

将来，我也要拿起笔，写下属于自己的《三体》，属于自己的科幻作品。

印象《灌篮高手》

张凯敏

相信大家都看过一部"震惊世界"的动画片，这部动画片便是——《灌篮高手》！自我第一次看这部动画片时，我便爱上了它。

在动画片讲述的是一只名为"湘北"的篮球队在新人与以前的高手的团结下，为了令湘北称霸全国而不懈努力，最终闯进了全国大赛，可胜利女神并没有眷顾他们，在他们打败了前年冠军之后却被其他球队打败了，最终离开了他们喜爱的球场……或许你会认为这是个悲剧，因为一个努力了那么久的球队竟战败了，但我并不这么认为，在最后一场比赛时，他们使出了全力，流下了眼泪，甚至还受了重伤，他们为了获胜不惜一切，这是一种不懈努力的精神！

在动画片中，我看见了坚如磐石的赤木、天赋凛然的樱木、球技一流的流川、灵动似水的宫城、三分神准的三井，一支令人钦佩的球队！最后一场，当他们霸占全场，是多么自豪多么坚毅！这多么让人羡慕啊！的确，在现在看来，粗糙的画面，简单的剧情，在日新月异的动漫舞台中这部动画片或许早已站不住脚后跟，但他却在动画界中越发越耀眼！如今日本动画片已越来越精彩，可这部动画片支持率却稳站第二！不是因为别的，正是他们的精神令人感动，SD（灌篮高手）每一个人，为梦想奋斗，为球队奋斗，为自己奋斗！是啊，许多动画片都有这样的精神，但SD却不是靠着自己一个人，他靠着一个集体讲团结，讲努力，讲述着一切，这是一部成功的动画片！让我们一起追随着这个篮球队去寻找自己的梦吧，相信，一定能够学到许多……

井上雄彦创造的一部"世纪之作"，一部永恒的经典。

再卑微的人也可能创造奇迹

——微电影《ZERO》观后感

黄语晨

作文课上，夏老师给我们看了一部微电影，名字叫《ZERO》。

电影讲的是在一个数字王国里，有一些臣民，分别是0，1，2，3，4，5，6，7，8，9，其中0的地位最卑微。在学校里，0经常被别人欺负。有一次上课，9折了一个纸飞机朝老师扔去，老师火了，质问学生们是谁扔的纸飞机，可大家一起指着0。老师走了过来，在0的脑袋上狠狠地敲了一下，0被打倒在桌上，可他眼里看到的仍然是窗外翩翩飞舞的蝴蝶。

0慢慢长大，无意中发现了女孩儿0，他们成了好朋友，从此两人不再孤独。可是警察7把男孩儿0抓进了监狱，因为在数字王国里，0是不能拥有爱情的。从此，一对恋人被分开了。直到有一天，女孩儿0来到监狱旁，告诉他自己怀孕的消息，男孩儿0感动得落下泪来。不久，女孩儿生下了两个0宝宝，这两个宝宝组成了无穷大（∞）这个符号，赢得了所有臣民的尊敬。

这个故事告诉我们再卑微的人也可能创造奇迹。在我们身边，也有不少这样的人。比如赖斯，最终登上了美国国务卿的宝座。她就像那个0，从小妈妈就告诉她："你可能在餐馆里买不到一个汉堡包，因为现在黑人和白人是不平等的，你得付出白人孩子两倍的努力才能和他们平等，要付出三倍的努力才能超越他们。"

有一次，赖斯和爸爸去白宫参观，到了白宫门口，却因肤色问题被保安挡住了道，不让他们进去。赖斯没有难过，而是坚定地说："我将来一定会来到这里的！"果真，长大后的赖斯，入驻了白宫，被大家喻为"白宫黑珍珠"。

我们班的小宜同学，她一年级时成绩很不好，但慢慢地，她开始努力学习，作业也认真写了。到了三年级，学习成绩进步飞快，能和大家一起按时完成作业了，上课能认真听讲了，写作业效率也提高了……

这部微电影对我的影响很大。它告诉我：一定不要小看那些暂时的弱者，他们有一天也会由卑微变强大的。我们应该去帮助他们，而不是去嘲笑他们，欺负他们。

平凡也美丽

　　没有人知道，它从前是多么的平凡，现在却变得如此的美丽，尽管它现在还不是最高的树。不过，它自己知道：这一切都是因为梦想。

成全的意义

陈学帅

成全是什么？

是大树告诉树苗：“你将来能枝繁叶茂！”

成全是什么？

是雄鹰告诉雏鹰：“你一定会翱翔蓝天！”

成全是什么？

是我放下心中的芥蒂对学弟说：“你真棒！”

记得那一年，我与一个比我小七岁的男孩儿一起练习葫芦丝。一开始，凭借年龄优势的我在吹奏能力上比那个小孩高了一大截，所以在老师的课堂上，我总能得心应手。因此我便自信地认为我肯定比他强。

随着训练的深入，我逐渐开始对练习厌烦起来。哎，不就这么点曲子嘛，吹来吹去没什么新意，真没意思！于是开小差、减少练习、无故缺课变成了家常便饭，而他却始终如一地坚持着。每次去上课，他总是先于我出现在教室里，在老师的指导下如痴如醉地练习着。我发现他的演奏越来越流畅，笛声越来越悠扬，老师对他的欣赏也越来越明显。我很明白这一切都和他的努力与坚持密不可分。渐渐地，我们两个人的差距开始缩小。我越来越感到力不从心，练习中静不下心

来，结果可想而知。我总是担心，这个比我小七岁的男孩要超过我，那我不是太没面子了吗？所以每次他一脸诚恳来找我欣赏他的音乐时，我都会毫不留情地鸡蛋里挑骨头。可是每次看着他由一脸期望转为失落，我又没有一丝愉快，反而暗暗觉得羞愧。我知道他是个认真、坚持的孩子，这样对他好吗？

比赛很快到来，在老师的安排下，他报名了。我知道他很把这件事放在心上，因为无论哪次集训，他都是第一个到场，最后一个离场。老师为他选的曲子已经在他的演奏下充满了生气和活力，可他似乎还不满足，还是一如既往地练习着，不知停歇。我总觉得自己该对他说些什么，可又不知从何说起。

记得赛前的那个晚上，教室里只剩下两人，我和他。听着他的动人旋律，我终究敌不过自己内心的冲动和惭愧，鼓起勇气对他说："小张，你真棒！我相信明天的比赛你一定会有好结果！加油！"语速很快，我感觉自己掌心都出汗了，天知道我是鼓了多大的劲才对他说出这一番话，这是我一直不想承认的事实。但他本来就付出的比我多，我不能对他不公平，有时候成全别人也是成全自己。我在和他的竞争中失败了，无论如何，我都得承认这个事实。也许，承认了反而会让自己清醒些吧！他一怔，或许是没想到我会突然表态。他眼神坦然，"谢谢师哥的鼓励，我知道你是为我好！我会努力的！我们一起加油！"听着他的话语，我的心不知怎的居然有了一丝酸楚和感动。

第二天的比赛如意料中的一样，他的吹奏获得了满堂喝彩。我躲在人群中他看不到地方，无比的坦然。是啊！他真的很棒！取得这样的成绩是他应得的。我为自己过去的狭隘感到无比羞愧，我应该正视对手，为对手的进步鼓掌。于是我转向颁奖台，为他喝彩鼓掌，我不再感到耻辱，取而代之的是从未有过的舒心、释然。成全他人，成全自己。看着他笑，我也笑了。

因为我喜欢

蓝凯微

有些时候，还是会感到悲伤的……

我抬起头，放下了手中的笔，瞅了瞅白鸟飞过的湛蓝天空，思绪也随之翱翔……

说真的，我觉得我并没有少女仰天四十五度角的忧伤，却总是因为不经意间的思绪而莫名伤感，生出一肚子苦水。

而那时，我便又记起当初刚刚跨进梦寐以求的画室大门，老师头也没抬，便对我说："没事，你要考特招的话，现在学也来得及……"后边的什么，大部分我都忘了。只听见自己的声音："我？不，我其实……喜欢画画。"我绞着衣袖，看见老师停下了收拾着画卷的手，对上我的眼睛，又转过头，笑着对旁边一位年轻女老师说："听见了吗？她说她喜欢画画，现在还能这么说的人蛮少了呢。"我听见了他们的对话，只是不太懂。为什么呢？我仅仅只是说了句喜欢，又何必惊讶？神游间，我看见那女老师冲我笑了笑，点了点头……

再到后来，我的世界便充斥着"你是学画画的？""那你是要特招吧！""为什么不去？分数很低的！""可惜了……"诸如此类的话。

啊！那一刻我终于明白，为何那位老师会露出那般神情，于是，油然间生出莫名的悲哀。我看见过他们忙碌的背影，他们询问老师的殷勤，也看见他们眼中的……好学。对，那个眼神中，饱含深情，像是在黑暗中寻得光明，也像是在荒凉的沙漠望见绿洲。但，我总是觉得，那眼神中，缺少了一种"灵魂"。

有一天，我问一个同画室的师姐："你当初怎么会想到学画画的？"我记得我曾经对母亲说过要学绘画，她觉得这种脏兮兮的技能学来无用，因此有些好奇他人的想法。"废话！当然是为了考个好学校，上个好大学啊！"师姐当时是这么对我说的。哦，那时的我终于看懂了，他们眼中，为什么会缺少"灵魂"。

所以，当我执笔打下器物的框架，描出陶瓷的轮廓时，想起了和几个小伙伴互相嘲笑对方画技"尴尬"时的快乐，以及彼此称赞时的不好意思。我拾起一旁的纸巾，涂抹着朦胧的阴影，叹了口气，觉得世间最幸福的事莫过于做着自己喜欢的事。想着有一天，我依旧可以保持纯粹的喜欢。特招？无非也只是为了自己的前程，将来的路该怎样选择，靠的也是自己。而我的喜欢，也会在时光的测验中，得以被考验……

顿时，我的悲哀消失了，毕竟我没有少女仰天四十五的忧伤，没有天大的烦恼，也没有细腻的思绪去钻研。我只是把我零零散散的回忆，用简简单单的句子来组成文章，来说一说我那一瞬间的想法，只是希望一个人有时能抛开利益，能记得那一刻纯粹的喜欢！

因为我知道，那句喜欢中，代表的是一个梦，而我希望去拼搏。等到多年后，我还能够回到我的画室，回到我的学校，去看看我的老师和同学，迎着他们的目光。然后，我还可以对他们说："看吧！我还是当年的我，我成功了，直到现在，我还是可以说着喜欢！"

平凡也美丽

把喜欢的事做到极致

聪　慧

"不就是不小心扔了你几份海报，至于伤心成这样吗？"妈妈的语气中略带几分不耐烦。

"至于！怎么不至于！"我跺着脚喊着，眼泪止不住地往下掉。

我也记不清这是第几次，因为追星的事与妈妈发生争执了。她反对我追星，所以总有意无意地将我积攒的海报一扫而空。可那些东西，都是我从饭里省，零食里省，好不容易才攒下的钱买的啊！更让我不理解的是，身边好多长辈、老师也不支持追星，认为这种行为幼稚且无趣，还影响学习。但我认为，这些担忧其实是多余的。

确实，现在有部分粉丝因痴迷于偶像而做一些近乎疯狂的事。但任何事物都有两面性，若只看见其中一面就全盘否定未免太过武断。如果一个偶像终日活跃在荧屏上，却做一些违背道德、传播负能量的事，那么他便不能被定义为"偶像"；同样，如果一个粉丝只醉心于偶像的高颜值、高演技而荒废自己的学业，泯灭上进心的话，这也不能称作是一个合格的粉丝。

我从不觉得追星有什么不好，有一个优秀的榜样带动自己，是一件非常幸福的事情。我喜欢一个名为EXO的团体，他们的努力就为我带来许多正能量。在众星云集的MAMA盛典上，他们冲破重重阻拦，

一连四年斩获大赏，不断地刷新着各大音乐榜的纪录，成为名副其实的四联王者！许多人见证过他们的辉煌，但又有多少人了解他们的辛酸过往。

EXO是韩国SM公司旗下的艺人。SM公司以严厉著称，能在这个公司出道的艺人必定经受过常人难以承受的考验。团体中中国成员张艺兴就是"努力"这一词的完美诠释者。他从湖南长沙不远万里奔赴韩国，但作为新人的他总被公司前辈嘲笑。对于这些，他说："我只能选择沉默，用行动证明自己。"于是他便没日没夜刻苦地练习，即使落下了腰伤也没有懈怠，这个时候的他教会了我坚忍。后来，他忍着严重的腰伤，在公司检查前期，完成了一支超高难度的舞而惊艳四座，他说："每一次痛到极致的经历，都是成长。"这个时候的他教会了我坚强。再后来，他通过努力成为炙手可热的明星，多才多艺的他并未就此止步，而是大胆涉猎各个领域，不断发掘自己的潜能，这个时候的他教会了我超越。不仅是张艺兴，EXO的每个成员都是如此：大雨中的卖力表演，质疑声中的永不退缩，掌声中的淡然坚毅。从他们2012年出道到现在，作为粉丝的我，时刻感受着从他们的胸膛中传递出来的力量，并将这种力量付诸我的学习、生活中，促使我不断前进。

人与人之间的相遇总是让我着迷，多少个精确的巧合才促成了他们之间的匆匆一瞥。粉丝会为偶像取得的小小成绩而欢呼雀跃，也会为网络上糟糕舆论暗自伤神。他们不为偶像的盛名而来，也不会在他的低谷中离他而去。带着炙热、纯粹的情感，来自不同的地方，却奔赴同一场青春盛宴。

从粉丝的角度看同样的事，可以有不同的反响。追星本身并没有错，关键在于追谁，怎么追，追到哪种程度。我相信只要在这些问题上找到平衡点，追星将成为一件极有意义且温暖的事。

远　方

吴晓钰

迄今为止，依旧有着一个地方从未有人光顾，它的名字叫"远方"——它可以是清晨阻挡跃跃欲出的朝阳的地平线，可以是巍峨缥缈，烟雾缭绕的高山之巅，可以是碧波浩荡的大海深处，也可以是远在异地的游子无法触及的故乡。

不管我们怎样努力追寻，却总是到达不了那所谓的远方，就如同永远无法等来的明天，任凭它们在一次次周而复始中不断出现，又不断消失。

在我们的记忆中，"远方"早已成为美好的代言词："远方"总是藏匿着数不清的财富，"远方"的森林中定有着一座不为人知的城堡；"远方"的道路上，成功定会等待着我们……

正是这段人们与"远方"间永远无法跨越的距离，才激发了人们征服远方的渴望。于是身着航天服的宇航员踏进了未知的太空；探险家们仅凭双脚横跨了干旱的沙漠；登山者不惧风雪的肆虐，将印迹留在了白雪皑皑的山峰。尽管从未有人抵达"远方"，但正是因为这个词的牵动，才有了人们对未知领域的不懈探索。

漫步人生，哪能没有夜晚，只不过弱者看到的是漫天漆黑，而强者看到的却是那点点繁星，是那炽烈跳动的希望，是那即将诞生的黎

明。或许在创世纪的第一天，当神分开了光明与黑暗，使之成为希望的象征，给予处于混沌中的灵魂们勇气、动力与慰藉。

从未有人到过"远方"，但它却依然是那么美好地存在着，牵引着为之前行的灵魂在一步步行进中成长。

我的三十六计·守株待兔

徐昊男

孙子兵法之精妙，全在三十六计。此三十六计，本用于战场，演绎至今，乃翻新意，三百六十行，皆可用之，以逸待劳，守株待兔，真乃妙中之妙。

这学期，吾荣任纪律委员，官不大，事不少。

既被选，则任之，再怎么说，尽职尽责乃吾行事原则。本班纪律着实不佳，老师一走即为"策马奔腾的天下"，即稍安静，亦有"纸条书信"之事耳。

又是一个"纸笔吱吱入众耳"的晚自修，坐在吾正前方的余同学竟肆无忌惮地写起纸条来。吾心想：真是够大胆！敢撞我枪口上！看我怎么收你！

方欲收之，又转念：余同学，狡猾者耳，如直取之，必隐于他处，后乃否认，回诬吾冤之，吾遂成"有罪之身"，他却成"逍遥之徒"，此事且待吾智取也。

心下一计，守株待兔。乃暂时伪装自己，以求趁"兔"肆无忌惮

143

平凡也美丽

之时，奋而攻之。我佯作它事，盯着"株"的动静，盼望着"兔"跳出，约莫十分钟，吾见余同学折好了包装，准备投出，吾放下了笔，准备"抓兔"。但一刹那间，余同学似有发现，吾故作镇定。他倒使了个心计，将纸条抛递而出，欲使吾拾之，反咬我一口。守株待兔，意在兔耳，此纸片乃勾兔之物，我又怎会拾之，故默不作声，仍做作业。可笑他倒放下警惕，使脚勾回纸条，欲向"兔"投递。吾悄悄地蹲下来，顺其眼神小心踮脚前行。只听"啪"的一声，纸条落地，前桌二人骚动，狡兔出窟，一女生伸手探地，两眼左顾右盼，纸条在手，见吾座位空着，乃迅速收起，吾凝神屏息，乃示意前二人不许惊扰，一切妥当。她顾虑顿消，取出纸条，观之。说时迟，那时快，我飞奔上前夺下，视之，"密密麻麻的草书"，乃收之，欲呈老师。当此时，她眼神哀怨，仿佛有意求我，我以眼神示意："兔子已经逮着了，至于对狡诈者，我再也不会手软了！毕竟我的七星灯已经在此灭了五盏，我的每一个眼神都在诉说着我的冤屈！"

这真是守株待兔须耐心，眼观六路伺机行，该出手时就出手，狡兔才能束手擒，斗智斗勇为纪律，众人心服方可宁。

我有一个梦想

郑　虹

在一个空气清新的山林里，小树、小草、小河生活得自由自在。河中的水嬉戏着，调皮地跳到小草身上，蹦跳着，滚动着，时不时还

挠挠痒。正午，艳阳高挂，小水珠也不闹了，跳着回到亲人的身边。小水珠们紧紧地靠在一起，树哥哥贴心地张开手臂，为他们挡住烈阳。草儿收起了双手，拥着自己，开始了今天的午睡。

傍晚，远处传来一阵对话声，安详的山林变得嘈杂。"要不，我们今天就在这儿过夜吧！这个位置看夜空一定很美丽"，一个人说道。另外几个人异口同声地回答，"好啊！"小草对这些外来者很好奇，便轻轻地用手去挠了一下他。那人立马转过头直直地盯着自己身上的小草，看了一阵后，急急地喊别人："你们快看啊，这颗小草明明长在土里，可却粘着我的衣服！"小草一听便缩起了身子，放开了手。只见那个人连忙拿出手机，拍下小草的动作，小草见此连忙摆出了各种动作，手舞足蹈。那个人也拍得不亦乐乎，整个山林充满了欢笑。

之后，每天都有三四个人到这片山林来拍照，小草、小河、树儿也乐在其中。

可是，随着来的人越来越多，垃圾也越来越多。许许多多的垃圾被丢进了河里，夹在了树枝上，扔在了小草的身上。有的人甚至开始在山林里烤起了食物。一阵子下来，森林里堆满了垃圾，许许多多的树枝被折，河流变得臭气熏天，小草也因过多人踩踏而死亡。山林中不再有欢笑，不再有安详，整片山林充满了悲伤。

"故事到这里就结束了，好了，你早点儿休息。"妈妈说道。听完故事后，我却久久地睡不着觉。家乡的那条美丽的小河如今变得浑浊不堪，堆满了垃圾；山上茂盛的树木不知道什么时候已被砍伐得所剩无几，只剩下稀稀拉拉的几棵在守护着山林；蔚蓝的天空不知道从何时起变得迷蒙，令人看不清前行的路。不知道从何时起，记忆中的家乡与现实中的家乡变得截然不同，令人不敢靠近。

145

平凡也美丽

原来成功只要再迈出一步

王佳梅

有些成长，无声无息，我自己却清楚；有一段路，我正在走，叫青春。

——题记

人生好比一场赛跑，在这道路上会有无数的障碍阻碍着你，倘若你停滞不前，便会被远远地甩在后头。只有当你勇敢地迈出那一步，才有一往无前的动力。

"啪啪啪，啪啪啪！"厨房中传出了扰人的响声。我正全副武装，一手拿着勺子，一手用锅铲挡住脸，身上穿着妈妈的长围裙。尽管现在是炎炎夏日，我依旧和锅"针锋相对"着。其实，我只是突发奇想，决定给劳累一天的爸妈好好准备一顿晚餐。没想到会变得如此狼狈不堪。

锅里的油还在向我示威，好似在嘲笑我的无能！我不管三七二十一将菜一扔下锅，可是可恶的油滴还是那么喜欢我，菜也变得乌黑。我依然站在锅旁，无奈而努力地挥舞着勺子，翻动着不成样的菜。

于是乎，原本美味的一道菜就这样被我毁了。望着眼前这一堆漆黑的"四不像",我黯然地关掉了煤气,把锅洗干净,又去准备食材。新一轮的挑战即将开始了!

我重新点燃灶台,将油锅架上去。在吸取了上回的教训后,我这次并没有马上倒油,而是等到水蒸发完了再倒,果然没有了那油花飞溅的景象。于是,我大胆地向灶台又迈进了一步。正当我得心应手,准备将食材放入锅时,油又开始飞奔向我的手背,向我发动新一轮攻击!

我疼得打算临阵脱逃,可心中一个声音在呐喊:已经失败过了,怎么可以放弃,爸爸妈妈还等着我的晚餐呢!我心下一横:我就不信了,这小小的油星子怎么可能难倒我!我毫不犹豫地又迈出一步。这次,尽管疼痛依旧难忍,可我并没有退缩。

当一桌热气腾腾的饭菜终于摆在我的面前时,我心中顿时有了成功的优越感。当我和爸妈享受晚饭时,我想到:如果我没有迈出那一步,又哪来这眼前的美味?

在人生这场长途赛跑中,我又迈出了一步。也正是因为这一步我才明白:只有无所畏惧的付出才会收获自己想要的成功!

猫

朱玟琪

以前,我讨厌我家的猫。

它全身黑乎乎的,唯有头部与背部有几条银白色的线。但我讨厌它的原因并不是因为它的容貌，而是因为它的到来赶走了我心爱的小白狗。

奶奶说家里有老鼠，但小白狗不会抓老鼠，所以必须得养只有丰富捕鼠经验的猫。我觉得没有什么大不了的，养就养呗，只要不危害到我的小白狗就够了。可是很快我就觉得自己想得太简单了。猫与狗根本就是天生的死敌，一见面就掐架，我的狗凶狠地冲出我的怀抱去抓猫，而猫则灵活地一跳，如欧洲贵妇一般，优雅地蹲在树枝上，不时地用爪子梳理自己的毛发，不屑一顾地望着在树下那妄图想爬上树的小白狗。

后来时间长了，奶奶认为再这样下去不是个办法，于是趁我上学不在家，偷偷地把小白狗送走了。我当时一直哭，一直哭，后来一直恨这只猫，从来没有给过它好眼色看。直到一件事情的发生，才让我对猫有了新的认识。

那是一个晴朗的下午，我坐在门前晒着温暖的太阳，整个人都放松了，慢慢地，在太阳光的沐浴下，我睡着了。没过多久，我觉得脚上痒痒的，我不舒服地蹬了蹬脚，继续舒适地睡着。可是没过不久，脚上那种感觉又来了，伴随着的还有什么"吱吱"的声音。我不悦地睁开眼，往脚上望去。这不看还好，一看可就把我的魂给吓没了，全身的汗毛瞬间竖起来了，如临大敌。竟然是一只老鼠！那灰溜溜的皮毛，绿豆般大小的眼睛，透着不怀好意的目光，让人怎么也喜欢不起来。它正在撕咬着我的鞋子，我害怕极了，却又不敢喊出声来，一声尖叫就卡在了喉咙，上不来也下不去，我颤抖着，额头不停地往外渗着冷汗，我想我那时肯定是面如菜色。

就在我与老鼠僵持不下的危急时刻，一道黑影从天而降，落在了不远处的草地上，它神情严肃，利爪已经出鞘，在阳光下泛着瘆人的寒光，眼睛紧紧地盯着我鞋子上的老鼠。后腿微微弯曲，肌肉突出，纵身一跃，巨大的身影将老鼠笼罩在死神的阴影之下，老鼠在几秒钟

内就被死神带走了。

我惊魂未定，循声望去，竟然看到了我家的猫！不敢相信，是它救了我吗？虽然我不相信，可是事实就摆在我的眼前。我感激地望了它一眼，它有感应似的也"喵"了一声。后来我才发现，原来从那时起，我就已经不讨厌它了。

现在，我和我家的猫形影不离。

平凡也美丽

张　禹

它是一棵树，生长在一片广阔的大森林里。它是那样的平凡，与其他树一样挺着棕黑的树干。如果要说与其他树的不同，只有缺点了：个头显得特别矮小，树叶特别稀疏，而且特别不绿。

但它有一个不平凡的梦想，就是成为这片森林里长得最高的树，可是这个梦看来很难实现，因为它旁边的树比它高许多，在为它遮风挡雨的同时，也挡住了它赖以生长的阳光。

它就生活在其他树的枝干下。

它想挣脱这种束缚，可没用的，旁边的树太高大了，枝枝叶叶层层叠叠，它没有办法得到太多的阳光。

它十分丧气，不明白为什么自己要透过其他树的树叶的缝隙吸收阳光？难道它平凡了，平凡得连同类也欺负它？难道自己矮小，只能得到更少的资源？

但是它不甘心，没有放弃，没有放弃追求阳光的权力，它想，如果就这样放弃了，那自己还算是一棵有梦想的树吗？

它每天坚持着，努力地伸出枝和叶，贪婪地吸收着从其他树叶的缝隙中落下来的一点点阳光。即使是这样，它心里还是感到暖暖的，它觉得很幸福，很开心。因为它觉得自己的梦想，在这一点点阳光中越来越明亮。

有一天，一个木匠来到这里，看见了它，叹了口气："唉，这树咋这么矮哩？不合尺寸。"接着他把目光投向旁边的两棵大树，然后围着大树仔细打量，计算了再计算，最后伐倒大树，心满意足地回家去了。

突然之间，它觉得眼前一片闪亮，阳光照到了它身上，它成了阳光的宠儿。它也知道，在得到阳光的同时，也要承受更多风雨的折磨，但是它不怕。几个月后，它长高了，也长得很漂亮。碧绿的叶上折射着太阳的光辉，逐渐粗壮的枝上散发着太阳的气息。不知为什么，经过它的人都觉得有些与众不同的美丽，美在哪？他们也说不出来。

从此，人们喜欢上了这棵树，就连鸟儿也在树干上做窝，人们干活累了就靠在树上休息一会儿，或聊一会话……

没有人知道，它从前是多么的平凡，现在却变得如此的美丽，尽管它现在还不是最高的树。不过，它自己知道：这一切都是因为梦想。

烟花的璀璨与迷离

陈家美

过年喽！

冲天火炮，炸响天宇；炫丽烟火，扮靓夜空；深深祝福，温暖心田；扬起笑脸，新年美呀！

丰盛的年夜饭摆在桌上，指着数着：鱼肉、猪肉、羊肉，牛肉，鸭肉，狗肉；有鸭头，兔头；有白菜、玉米、香菇、芹菜……数着数着，便垂涎三尺了！要不是妈妈再三告诫，我就"先下手为强"了。当一个饱嗝从我口中响亮过后，宣示着一个程序的完成，下个程序的开始——放烟花。

这时夜幕悄然降临，空中却迟迟不见星星的身影，也许星星睡过头了吧，也许星星害羞了吧，也许星星想把今天的夜空留给我们……当第一束烟火挣脱束缚，冲上夜空，绽放灿烂后，便有更多的烟花在空中展示自己的美姿：像金菊怒放、牡丹盛开、彩蝶翩跹、巨龙腾飞、火树烂漫、虹彩狂舞。巨大的烟花在空中绽放，花瓣如雨，纷纷坠落。

夜晚在烟花的渲染下多彩极了！我们孩子最喜欢烟花，我在夜晚点燃"满天星"，他在放"万花筒""小调皮""旋转舞台""大地花开"……随着一声声震耳欲聋的巨响，一颗颗"小导弹"向空中飞去，"小导弹"忽地炸开，顿时，朵朵鲜花，把夜空装点得无比美丽，不一会儿，天空中划过一道道拖着尾巴的微弱的火星，最后消失不见了。

最壮观的还是晚上12点之后，在激动人心的巨响中，整个城市的上空都被焰火照亮了，染红了。一团团盛开的烟花像一柄柄巨大的伞花在夜空开放；像一簇簇耀眼的灯盏在夜空中亮着；像一簇簇花朵盛开并飘散着金色的粉末。焰火在夜空中一串串地盛开，最后像无数拖着长长的尾巴的流星，从夜空滑过。

漂亮的烟花，绽开落下，一瞬间的光彩。那一刻，整个世界都属于它们，整个世界随着它们的绽放而光彩一暖，啊！璀璨迷离的你，给新年增添了多少色彩与美丽！

或许你只要洗一次碗就知道了

洪建松

三月八号的妇女节虽然还没到，可我已经提前做好了准备。我想，既然是要为妈妈做一件事，那么在什么时间什么地点都无所谓吧？

那天回家，我问老妈有什么要帮忙的，母亲大人的回答很给力："没有，你给我好好读书就好了！"但我坚持要做一件事，妈妈拗不过我，随口说了一句："那就洗碗吧，碗还没洗呢。"我应了一句转身走向厨房，拿起一壶热水。

妈妈一见，忙问道："哎哎，你做啥？"

"用热水洗碗啊？"

"碗在水池旁边，那里有水。"

我应了一声，走向水池，边走边想，这么简单的任务，分分钟搞定。可手刚伸进去又马上退了出来，哇，水是冷的哎，原来她洗碗是用冷水洗的，这样怎么行啊？这大冬天的，就算一动不动也冷死了，还用冷水洗？我再试了一次，将手伸了进去，真的好冷，冷冷的水似乎能透过皮肤直达内脏，全身一个激灵，倒吸一口凉气，勉强在水中将自己的手握成拳头，可那透心凉的感觉实在忍受不了，又将手收了回来，心道："这样的天气，这样的水怎么洗啊？算了，我还是去做作业吧。"可刚一转身又想："老妈是怎么洗的呢？她不怕冷吗？不行，我一定要试试看。"回头深呼吸一口气，猛地将手伸进水中，紧紧地闭上眼睛，将手中的一个碗胡乱地用洗碗布抹了几下，然后迅速将那个碗放在一旁，拿起另一个碗，大约将手拿出六七次吧，总算将那十来个碗"洗干净了"。我再一次握紧了拳头，真冷！

妈妈走来检查验收了，举着连饭粒都有的碗，看着我说："早说你不行吧，还不信，看看。冷得不行了吧，快去房间里围火炉吧。"我哆嗦地应了一声，转身走向房间，回头一望，妈妈已经将手伸进水池，快速而又准确地洗着碗，其速度之快，让人一看见就知道身经百战。这么冷的水，难道她没有感觉？这么冷的天气，每天都这么过吗？此时"哐哐"的声音传来，我知道妈妈洗好了碗。

妈妈是一个全职家庭主妇，她每天打理家务，照顾我们一家人的生活。以前我还羡慕她的生活，认为很悠闲，这次，我是真的意识到了她的不容易，意识到了她的辛苦，我也决定，真的要好好读书，长大后好报答他们。

其实世界上的所有妈妈都是这样，对自己的子女很宠爱，希望自己的子女个个成龙成凤。只要自己能做，从不让孩子动手；自己吃苦，却不让孩子知道。而我们做子女的，也就这么稀里糊涂地享受着。唉，我的妈妈！

远　方

吕慧聪

有人问我，什么是天涯海角？那里是世界的边际吗？那里会有奔流不息的大江吗？会有美丽芬芳的花圃吗？会有鸟儿婉转的歌声吗？

我当然不知道。

这一切的遐想随着我一天天长大，随着对世界的认知在改变着。这种遐想总有种难以言状的美妙……

我给那个梦一般的地方一个名字：远方！

我无法用多么绚丽的词汇来描述它，因为我对那里一无所知。也许你会问我，你心中所谓的"远方"到底意味着什么？对你重要吗？

我并不想说远方意味着什么，真正值得我去探索的，是在寻找远方时所遇见、发生的，是那沿途的风景。

悄然间，我怀揣着这个愿望进入了梦乡……

我看见了一条被大雾所笼罩的路，而我踩在脚下的，是片片落叶。没有人的足迹，没有生气，让人不禁胆战。我硬着头皮加快步子往前走，却眼前一亮。这里好像是另外一个世界，鸟语花香，流水潺潺。可是我没有驻留太久，继续迈着步子往前走。呈现在眼前的，是一座座连绵不绝的山峰，怪石嶙峋。我惴惴不安地翻越了这座山，却

被荆棘划破了脸，被碎石砸中了头，被突如其来的暴风雨淋成了"落汤鸡"。终于，到达了山的另一边，明媚的太阳挂在天边，阳光洒在我的身上，暖洋洋的，可我又不停息地往前走着，却看见了一望无垠的大海，岸边停着一只小船。好奇心驱使着我踏上了那只小船，我小心翼翼地驾驶着。在暖和的晴天就偷个懒，懒洋洋地躺在小船上任它随波逐流。突然，天上乌云密布，一条闪亮的雷电在空中炸开，——轰隆隆！刚刚还平静地似镜子的海面顿时翻滚着一个个巨浪，小船不受控制了，被迎面而来的浪打得摇来晃去，船中的我惶惶不安，害怕被巨浪吞噬，淹没在这深不见底的大海中。孤独和无助顿时充斥着我整个心，偌大的海面上只有一艘破烂不堪的小船——让我后悔，是不是应该止步，回到我原来平淡安逸的生活呢？

庆幸的是，我选择了坚持！小船最终来到了岸边，下了船的我显然还未曾从那惊吓中缓过神来。我不禁惊叹眼前的景象。

这是一片美丽的花海，成千上万种花朵在阳光的普照下显得那样富有生机，颗颗晶莹的露珠衬托着那片片五彩的花瓣，滚动着滚动着，向我诉说着这里的美妙。蝴蝶在花丛中悠悠地挥动着那美丽的翅膀。一阵春风拂过，一切都显得那样和谐自然。我陶醉在四周弥散的花香中，小睡了一会儿。

猛然惊醒，啊！原来这只是一场梦啊！

醒来的我却久久不能平静，恍惚间，我明白了这场梦的意义。

那条路，它跌宕起伏，可是在那条路的终点却是那样美丽。只有在你一步一步地坚定走过那条路，才能到达美丽的彼岸。也许你在那条路中迷茫过，彷徨过，无助过，但请坚持，也许下一步，属于你的远方就会触手可及！

平凡也美丽

回忆·往事·童年

王　晴

　　童年生活，像一个五彩斑斓的梦，记录童年的趣事。童年生活，似一串五光十色的珍珠，颗颗珍藏童年的梦想。童年生活，如一滴滴清澈无比的水，滴滴反射童年的天真。

　　可惜，童年的生活过得太快，但童年的往事我记忆犹新，想起那时的我，真是可笑又可爱。

　　那年，我大概七岁左右，是一个非常开朗、阳光可爱的女孩儿，但同时也非常调皮，家里人都叫我调皮鬼，而我每次都是乐呵呵的。

　　"调皮鬼，赶紧把你的小房间给整理一下，看看你的房间都无落脚之地了，明天你的小侄子要来了，他跟你一块儿睡，可你的房间……你想让他睡垃圾堆里啊，还不快去整理。"妈妈温和地说道。我一听明天我的小侄子要来，十分兴奋，连忙答应道："我这就去整理，一定要让我的小侄子睡最漂亮最干净的房间。"妈妈笑了笑。

　　一分钟，十分钟，二十分钟……"呀，调皮鬼，你捣什么鬼，怎么满地都是'垃圾'？"妈妈生气地说道。"没什么，我只是不知道从哪里开始整理，所以越弄越乱了。"我调皮地说。"咦！那不是我一直没找到的小兔玩偶吗？"竟掉了一只眼，都成独眼兔了。我正准备跑过去拿，却一脚踩到了一个小球。"啊！"我大叫一声，我摔跤

了，头倒在地上。东西多有好处也有坏处，坏处是容易摔跤；好处是摔跤时，地上会有东西保护你，这次我就甩在一个小小的枕头上。要不然的话我的脑袋肯定完蛋了，妈妈既心疼又生气地走过来，把我扶出门外，说："哎，真拿你没办法，你去沙发上坐坐吧，这里还是由我来整理吧！"我一听不用整理了，便立马忘了刚才摔跤的疼痛，蹦蹦跳跳地跑去玩了，像什么事都没发生过。妈妈叹气道："哎！这孩子……"

童年是小草的芽儿，充满了生机；童年是早晨的太阳，充满了活力；童年是清润的雨水，充满了欢乐！

童年二三事

余　茜

童年是五彩斑斓的，童年是无忧无虑的，童年是天真烂漫的……说到童年，这中间必定有一件件有趣的事情，能让我们回首观望。

那年暑假，是天气最为炎热的时候，知了在树头聒聒不休地叫着，头顶着炽热的阳光。要是在这大热天里能喝上一杯刚从冰箱里拿出来的饮料，那感觉一定很爽。晚饭过后，太阳下山了，可依旧让人感觉闷热。只见爸爸从冰箱中拿出一瓶冰镇啤酒，把它倒入杯子中，一口一口地慢慢品尝。看爸爸那陶醉其中的模样，仿佛如喝了能上天的神仙水一般，令我垂涎不已。爸爸看见我那口水"飞流直下三千尺"的样子，故意摆在我面前炫耀。此时我的眼睛早已眼冒金色的光，感觉酒的香味不停地飘来，真是馋得我心痒痒。

好不容易让我逮住了机会，趁着爸爸妈妈出去时，说时迟那时快，我一个箭步飞往了冰箱处，从中拿出一瓶啤酒。我直接打开了盖子，刚舔了一小口，怎么感觉味道苦苦的，为什么爸爸喝起来这么有滋有味呢？我猜想大概是我喝的太少了。于是我鼓足气连续喝了好几口，越喝越香，越喝越甜，看看酒瓶，差不多快喝了一大半。渐渐地我感觉脸有点红红的，头也有点发晕。我赶紧跑到外面去找妈妈，却一头撞在了一个人身上，定眼一看，一身绿衣服，头戴一顶帽子，笔直地站在我面前。我大喊："让一下！"可他却一丝反应也没有，还是站在我面前。我生气地往前一撞，感觉头更加重了，迷迷糊糊地，我就睡着了。

"快给我让开，让开！"我从梦中惊醒了，迷迷糊糊看到爸爸和妈妈站在我的床前。妈妈把事情的来龙去脉告诉了我，说我整整睡了一天一夜。就连一向温和的爸爸也批评了我："下次不要再去碰酒了，还傻到拿头去撞树。"我这才明白，原来那位挡路的先生，不就是我家的树吗？真令我哭笑不得。

挖 花 生

应鸣轩

现在是秋天，一个落叶飘飘、天高气爽的，也是水稻成熟的季节，田野里黄澄澄的。你知道吗？花生也是这个时候成熟的。

花生是个很奇怪的东西，种下去之后，花开在上面，果实却长在下面。花生生着吃味道有一点甜。花生种下去的时候，过一段时间长出一点幼苗，又长成一棵年轻的花生，然后再开花，最后，开花的那一棵茎一直向下钻，钻到地下之后，再结果。

　　现在花生成熟了。我可以趁着国庆放假回老家去挖花生。我拿上锄头，背着竹篮，戴上凉帽，拿上水瓶，就和爸爸一起出发了。在路上，虽然是秋天，但是没有一丝秋天的意思，远处的山上的常青树，近处的土壤里的桃李树，都是绿茵茵的一片，只有河里的水位开始下降。

　　不一会儿，我们就到了。我负责摘花生，爸爸负责挖花生，挖花生就一两下功夫。爸爸很快就挖好了，但是摘花生很慢。挖好花生后就开始摘花生。每次爸爸看到一个没摘下来的就念道："漏网之鱼，漏网之鱼，漏网之鱼……"今天天气不太好，烈日当头，偶尔吹来一阵风，不过还是很热，一下就满头大汗了。今天的太阳很大又很热，土被晒的很干，蚯蚓都钻到很深的地下找水去了。

　　不一会儿，俩人合力摘花生，很快就没了。装了满满一篮子的花生，既高兴又伤心，高兴的是挖了许多花生，伤心的是没有挖到蚯蚓。但是我觉得挖花生是一件很有趣的事。花生还可以制作许多好吃的东西，想吃的时候只要去做就行。

　　这一次挖花生，增长了我的见识。

春　游

徐若阳

天气晴朗，阳光明媚，正是春游时节……

今天我们学校要举行野炊活动。听老师说要走好长一段路，我心里既紧张又欣喜，因为可以和同学们一起欢快地欣赏美景，但又害怕会坚持不下来，给班里拖后腿。

但不管我怎样纠结，春游照样准时启动！

此刻的阳光在雾中好像踮着脚尖张望着我们，同学们好似在雾中飘游，若隐若现，闻其声不见其人。一段路程后，雾散尽了，光裸的阳光直接照在脸上，阳光透过树叶的空隙撒下一地的希望，马路右边是一丛丛黄色的油菜花。我一边听着同学们开心的嬉闹声音，一边嗅着油菜花散发出阵阵的香味，舒爽的心情已陷入其中，难以自拔。

温度逐渐升高，空气混杂着泥土芳香，不，这是大自然的清香，吸上一口，竟品味出春意的劲头。伙伴们都汗流浃背，气喘吁吁了，但都非常高兴，因为这是我们的一次历练，在阳光下流着汗水去感受生活的一种方式。

终于到达了目的地。随后我们有组织、有秩序的开展野外生存能力的活动，个个都把自己擅长的一面展露出来，我们找了一个石头多的地方，一边收拾场地，一边准备食材。一会儿，只见组长先将水烧

开，然后放面下去，等面熟了，然后和已准备好的调味品一搅拌，香味瞬间弥漫开来，我们争先恐后地端起品尝，组长的手艺获得了一致好评。

吃完后便是自由娱乐时间，大家都玩起了集体游戏"爱的抱抱"。每当同学说出数字后总会传来一阵阵尖叫，生怕游戏完败后要在同学面前出糗。我只是个旁观者，静静地看着他们，心中却也充满紧张、激动、惊喜。

转了个身，向远处眺望，微白的天空，碧绿的草坪，还有几头悠闲吃草的牛，天上是匆匆飞过的鸟，我还听见了一个声音——时光滴滴答答不停走远的脚步声。

你，我，她一同踏着夕阳的余晖返校。我已将精彩的画面放在脑海中的时光之轮，日后慢慢地回忆它。

祝福进行时

钱玮佳

自从人人有了手机，短信和电话就逐渐取代了贺年卡，成为我们节日时主要的祝福方式。然而这种祝福在有的时候，比如春节，则更像是一种"甜蜜的负担"。

姑妈一家大年三十儿要赶回无锡老家，所以我们把年夜饭改在中午进行，地点定在河西的一家饭店。人是满满的一桌，美味佳肴也都上齐了，可我看着窗外灿烂的阳光，始终找不到一点儿"年夜饭"的感觉。正说着话，妈妈的手机响了。现在的拜年短信真是越来越早。妈妈打开一看，无可奈何地笑了，扭头对爸爸说："快给我找一条短信回给人家。每次都是人家先发给我，怪不好意思的。"

"不急，不急，回家慢慢发。"爸爸显然是做好了打"持久战"的准备。

姑妈自称过年能收到数百条短信，于是经验十足地总结起来："这收到的拜年短信吗，可以分为三种：第一种，自己写的，简单但能看出心意；第二种，有现成的模板，自己做些改动；第三种就是直接转发了。收到几条一模一样的短信，也不知道谁抄谁的。"大家笑了一阵，也只是苦笑——明知道没有意思，又有谁不干呢？

第一条短信仿佛是"排头兵"，很快"大部队"便轰轰烈烈地到达了。吃完饭回到家里，爸爸妈妈便坐在沙发上"奋斗"起来，短信们你来我往，不亦乐乎。妈妈手指敲酸了，索性把手机往老爸怀里一摔。这下老爸可惨了，一会儿看地址簿，一会儿上网搜索。刚把左边手机的联系人一个个回发完，右边手机又有几条新信息在闪烁。好不容易收工了，拜年的电话又来了，这次是给爷爷奶奶的——"喂，惠兰呀——"姨奶奶刚开口，就被奶奶一阵大嗓门盖了下去："新年快乐！身体健康！万事如意啊！""是啊，也祝你们——""儿子媳妇工作顺利，心想事成……"奶奶还在滔滔不绝。爸爸不禁笑着说道："您倒是自顾自地说下去了，也让别人把话说完啊。"

本来，亲朋好友间互相拜年能使节日更加热闹，更有人情美。可是当祝福流于形式，这年味是否也有些变味了呢？我们最想要的，不是多么复杂的修辞，多么华丽的词语，只是来自心底的那一份祝福。

162

洗油烟机的安徽师傅

夏天然

　　家里的油烟机脏了，积了一层厚厚的油污。星期天，妈妈要请人来洗，正好抽屉里有一张油烟机师傅的名片。妈妈打了电话，约人来家里清洗。

　　八点钟，门铃响起，师傅准时到了。

　　师傅穿上围兜，戴上手套，用力熟练地拧开油烟机的螺丝，再把管子拔下，把油烟机拉了出来，搬到了楼下的空地上，又把油烟机拆成了一个一个细小的零件。这下子油烟机真正四分五裂了。

　　师傅在桶里放了一些像粉末状的东西，倒进刚烧的滚烫的开水，桶里立即冒出了一股难闻的气味。我站在师傅旁问："你加的是什么东西呀？这么难闻。"师傅说："这是去污粉，对除去油渍很有帮助的。"

　　师傅把油烟机上的一层厚厚的油渍刮掉，发出像响尾蛇尾巴一样"沙沙沙"的声音。油烟机好像在说："这个澡洗得太舒服了！"师傅又拿起钢丝球，使劲儿地擦着油烟机，"沙沙沙"的声音更响了。我仿佛听到油烟机在说："搓背啰，太舒服了，太舒服了，再来再来。"

　　不大一会儿工夫，油烟机就洗得像新的一样了。

师傅不仅会体力活，脑子也很聪明。油烟机的控制开关已经坏了好长时间了，师傅东弄弄，西弄弄，把电线拆开，又到超市里买来一个新的开关，一会儿就弄好了，油烟机又可以轰轰作响了。

师傅说："如果只会擦油烟机，不会修，那别人的油烟机一旦坏了，就不会找你了。如果你既会擦又会修，你就等于多学了一项本领，那生意不就会更好吗？"

我问他："师傅你贵姓，你是哪里人呀？家里还有什么人呀？"

师傅笑着说："小宝宝你好可爱。我姓江，是安徽人，家里还有老婆儿子。我儿子已经十六岁了，在虹桥二中上学。"

我问："那你就在南通安家了？"

"是的，我一般就过年才回安徽老家一趟。"

"那你辛苦吗？每天能赚多少钱呀？"

江师傅说："做这一行当然很辛苦。每天来来去去，你看看，洗一台油烟机不容易吧，才几十块钱。"

装好油烟机，妈妈给了江师傅五十块钱。

江师傅说他是个没有什么文化的人，每天只能风里来雨里去，帮人家洗修油烟机，维持全家人的生计。

不过，"三百六十行，行行出状元"。我觉得江师傅真的挺了不起的，只要认真努力，凭劳动吃饭，有什么丢人的。江师傅，明年还请你来我家洗油烟机哟。

哭泣的泥土

陈　聪

　　我曾经是那么幸福。春天，人们用锋利的犁铧把我翻开，我使劲儿地吮吸着清新的空气，接受阳光的抚摸。小溪轻轻地从我身边流过，一路浅吟，奔向远方。不时有小鸟站在我的身躯上，寻找那可恶的小虫。一切是那么的美好。

　　农民们开始播种了，小小种子飞进我的怀抱，我小心翼翼地接住它们，然后亲吻它们，让它们感受到无比的舒适和快乐。在我的保护和滋润下，种子们争先恐后地生根发芽，钻出地面，叽叽喳喳地谈笑着。看着这些可爱的小精灵绿成一片，农民迫不及待地开始施肥了，那些农家肥虽然味道不太好闻，可我知道它们肥着呢，农作物们正需要它们。于是我敞开了肚皮接纳它们。庄稼们兴高采烈，拼命地生长。我虽然很难见到阳光，再也看不到蓝天白云，可我一点儿也不后悔。因为这些庄稼——我的孩子们，已快要成熟了。我骄傲，这飘香的果实，有我的奉献。

　　然而，这重复了一年又一年的美丽日子，在一个清晨被终结。一家化工厂出眼我眼前，污水流过我的身躯，流向身边的小河；废渣被铺在我的躯体上，压得我喘不过气来。我知道，受伤的不仅是我一个人，我身边的土地，以及更远的土地，同样受到了伤害，因为污水会流淌，会通过地下水系进行渗透；因为废渣在雨水的洗刷下也会产生污染。我这块曾经的肥田，失去绿色，成了不毛之地。而我身边的那些土地，同样变成毒土地，它们长出的庄稼自然就成了毒庄稼。镉、砷、铬、铅……多么可怕的字眼呀，可它们居然进入了庄稼体内，使得不少农作物种子中重金属含量严重超标。庄稼们哭了，农民们哭了，我也哭了。

人类的报纸上说，中国目前有两千万公顷耕地受到重金属污染，约占耕地总面积的五分之一。其中，受矿区污染耕地两百万公顷，石油污染耕地约五百万公顷，固体废弃物堆放污染约五万公顷，"工业三废"污染近一千万公顷，污灌农田达三百三十多万公顷……

真不知道何时，我才能恢复干净的身子？真不知道哪些无地可种的农民，何时才能重新亲吻自己的土地？